墨人著

本全集保留作者手批手稿

墨人博士作品全集【全60冊】

第三十三冊　黑森林

文史哲出版社印行

國家圖書館出版品預行編目資料

墨人博士作品全集 / 墨人著 -- 初版 -- 臺北
市:文史哲, 民 100.12
頁： 公分
ISBN 978-957-549-987-7 (全套 60 冊：平裝)

1.現代文學 2. 中國文學 3.別集

848.6 100022602

墨人博士作品全集【全60冊】

第三十三冊 黑 森 林

著　　者：墨　人
出 版 者：文 史 哲 出 版 社
http://www.lapen.com.tw
登記證字號：行政院新聞局版臺業字五三三七號
發 行 人：彭 正 雄
發 行 所：文 史 哲 出 版 社
印 刷 者：文 史 哲 出 版 社
臺北市羅斯福路一段七十二巷四號
郵政劃撥帳號：一六一八〇一七五
電話886-2-23511028 · 傳真886-2-23965656

【全60冊】定價新臺幣 36,800 元

中華民國一百年（2011）十二月初版

ISBN 978-957-549-987-7 08992

墨人博士著作品全集總目

一、散文類

二、長篇小說

三、中短篇小說散文合集

四、詩詞及論評

附：外篇

墨人的一部文學千秋史

張萬熙先生，筆名墨人，江西九江人，民國九年生。爲一位享譽國內外名小說家、詩人、學者。歷任軍、公、教職。六十五歲始自從國民大會簡任一級加年功俸的資料組長兼圖書館長公職崗位退休，但已是中國文壇上一位閃亮的巨星。出版有：《全唐詩尋幽探微》、《紅樓夢的寫作技巧》二百九十多萬字的大長篇小說《紅塵》、《白雪青山》、《春梅小史》；詩集：《哀祖國》；散文集：《小園昨夜又東風》……。民國五十年、五十一年連續以短篇小說，兩次入選維也納納富出版公司出版的《世界最佳小說選集》。七十歲時自東吳大學中文系教席二度退休，仍著述不輟，爲國寶級文學家。墨人博士在臺勤於創作六十多年（在大陸時期已創作十年），並以其精通儒、釋、道之學養，綜理戎機、參贊政務、作育英才，更以其對傳統文學的精湛造詣，與對新文藝的創作，在國際上贏得無數榮譽，如：美國世界大學榮譽文學博士、美國馬奎士國際大學榮譽文學博士、美國艾因斯坦國際學院榮譽人文學博士（包括哲學、文學、藝術、語言四類）、英國劍橋國際傳記中心副總裁（代表亞洲）、英國莎士比亞詩、小說與人文學獎得主，現在出版《全集》中。

壹、家世・堂號

張萬熙先生，江西省德化人（今九江），先祖玉公，明末時以提督將軍身份鎮守雁門關，蒙古騎兵入侵，戰死於東昌，後封為「河間王」。其子輔公，進士出身，歷任文官。後亦奉召領兵「三定交趾」，因戰功而封為「定興王」。其子貞公亦有兵權，因受奸人陷害，自蘇州嘉定（即今上海市一區），謫居潯陽（今江西九江）。祖宗牌位對聯為：嘉定源流遠，潯陽歲月長；右書「清河郡」、左寫「百忍堂」。

貳、來臺灣的過程

民國三十八年，時局甚亂，張萬熙先生攜家帶眷，在兵荒馬亂人心惶惶時，張先生從湖南長沙火車站，先將一千多度的近視眼弱妻，與四個七歲以下子女，從車窗口塞進車廂，自己則擠在廁所內動彈不得，千辛萬苦的從湖南長沙搭火車南下廣州，從廣州登商輪來臺。七月三日抵基隆，由同學顧天一先生，接到臺北縣永和鎮鄉下暫住。

參、在臺灣一甲子奮鬥的過程

一、初到臺灣的生活

家小安頓妥後，張萬熙先生先到臺北萬華，一家新創刊的《經濟快報》擔任主編，但因財務不濟，四個月不到便草草結束。幸而另謀新職，舉家遷往左營擔任海軍總司令辦公室秘書，負責紀錄整理所有軍務會報紀錄。

民國四十六年，張先生自左營來臺北任職國防部史政局編纂《北伐戰史》（歷時五年多浩大工程，編成綠布面精裝本、封面燙金字《北伐戰史》叢書），完成後在「八二三」炮戰前夕又調任國防部總政治部，主管陸、海、空、聯勤文宣業務，四十七歲自軍中正式退役後轉任文官，在臺北市中山堂的國民大會主編研究世界各國憲法政治的十六開大本的《憲政思潮》，作者、譯者都是台灣大學、政治大學的教授、系主任，首開政治學術化先例。

張先生從左營遷到臺北大直海軍眷舍，只是由克難的甘蔗板隔間眷舍改爲磚牆眷舍，大小一般，但邊間有一片不小的空地，子女也大了，不能再擠在一間房屋內，因此，張先生加蓋了三間竹屋安頓他們。但眷舍右上方山上是一大片白色天主教公墓，在心理上有一種「與鬼爲鄰」的感覺。張夫人有一千多度的近視眼，她看不清楚，子女看見嘴裡不講，心裡都不舒服。張先生自軍中假退役後，只拿八成俸。

張先生因爲有稿費、版稅，還有些積蓄，除在左營被姓譚的同學騙走二百銀元外，剩下的積蓄還可以做點別的事。因爲住左營時在銀行裡存了不少舊臺幣，那時左營中學附近的土地只要三塊多錢一坪，張先生可以買一萬多坪。但那時政府的口號是「一年準備，兩年反攻，三年掃蕩，五年成功。」張先生信以爲真，三十歲左右的人還是「少不更事」，平時又忙著上班、寫作，實在不懂政治、經濟大事，以爲政府和「最高領袖」不會騙人，五年以內真的可以回大陸，張先生又有「戰士授田證」。沒想到一改用新臺幣，張先生就損失一半存款，呼天不應。但天理不容，姓譚的同學不但無后，也死了三十多年，更沒沒無聞。張先生作人、看人的準則是：無論幹什麼都是「誠信」第一，因果比法律更公平、更準。欺人不可欺心，否則自食其果。

二、退休後的寫作生活

張先生四十七歲自軍職退休後，轉任台北市中山堂國大會主編十六開大本研究各國憲法政治的《憲政思潮》十八年，時任簡任一級資料組長兼圖書館長。並在東吳大學兼任副教授二十年、香港廣大學院指導教授、講座教授、指導論文寫作、不必上課。六十四歲時即請求自公職提前退休，以業務重要不准，但取得國民大會秘書長（北京朝陽大學法律系畢業）何宜武先生的首肯，六十五歲依法退休。當時國民大會、立法院、監察院簡任一級主管多延至七十歲退休，因所主管業務富有政治性，與單純的行政工作不同，六十五歲時張先生雖達法定退休年齡，還是延長了四個月才正式退休，何秘書長宜武大惑不解地問張先生：「別人請求延長退休而不可得，你爲什麼反而要求退休？」張先生答以「專心寫作」，何秘書長才坦然不疑。退休後日夜寫作，因胸有成竹，很快完成了一百九十多萬字的大長篇小說《紅塵》，在鼎盛時期的《臺灣新生報》連載四年多，開中國新聞史中報紙連載最大長篇小說先河。但報社還不敢出版，經讀者熱烈反映，才出版前三大冊。當年十二月即獲行政院新聞局「著作金鼎獎」與嘉新文化基金會「優良著作獎」，亦無前例。《台灣新生報》又出九十三章至一百二十二章，只好名爲《續集》。墨人在書前題五言律詩一首：

浩劫未埋身，揮淚寫紅塵，非名非利客，孰晉孰秦人？
毀譽何清問？吉凶自有因。天心應可測，憂道不憂貧。

二〇〇四年初，巴黎 youfeng 書局出版豪華典雅的法文本《紅塵》，亦開「五四」以來中文作家大長篇小說進入西方文學世界重鎮先河。時爲巴黎舉辦「中國文化年」期間，兩岸作家多由政府資助出席，張先生未獲任何資助，亦未出席，但法文本《紅塵》卻在會場展出，實爲一大諷刺。張先生一生「只問耕耘，不問收穫」的寫作態度，七十多年來始終如一，不受任何外在因素影響。

肆、特殊事蹟與貢獻

一、《紅塵》出版與中法文學交流

《紅塵》寫作時間跨度長達一世紀，由清朝末年的北京龍氏家族的翰林第開始，寫到八國聯軍、滿清覆亡、民國初建、八年抗日、國共分治下的大陸與臺灣，續談臺灣的建設發展、開放大陸探親等政策。空間廣度更遍及大陸、臺灣、日本、緬甸、印度，是一部中外罕見的當代文學鉅著。墨人五十七歲時應邀出席在西方文藝復興聖地佛羅倫斯所舉辦的首屆國際文藝交流大會，會後環遊地球一周。七十歲時應邀訪問中國大陸四十天，次年即出版《大陸文學之旅》。《紅塵》一書最早於臺灣新生報連載四年多，並由該報連出三版，臺灣新生報易主後，將版權交由昭明出版社出版定本六卷。由於本書以百年來外患內亂的血淚史爲背景，寫出中國人在歷史劇變下所顯露的生命態度、文化認知、人性的進取與沉淪，引起中外許多讀者極大共鳴與回響。

旅法學者王家煜博士是法國研究中國思想的權威，曾參與中國古典文學的法文百科全書翻譯工作，他認爲深入的文化交流仍必須透過文學，而其關鍵就在於翻譯工作。從五四運動以來，中西文化交流一直是西書中譯的單向發展。直到九十年代文建會提出「中書外譯」計畫，臺灣作家才逐漸被介紹到西方，如此文學鉅著的翻譯，算是一個開始。

王家煜在巴黎大學任教中國上古思想史，他指出《紅塵》一書中所引用的詩詞以及蘊含中國思想的博大精深，是翻譯過程中最費工夫的部分。爲此，他遍尋參考資料，並與學者、詩人討論，歷時十年終於完成《紅塵》的翻譯工作，本書得以出版，感到無比的欣慰。他笑著說，這可說是「十年寒窗」。

《紅塵》法文譯本分上下兩大冊，已由法國最重要的中法文書局「友豐書店」出版。友豐負責人潘立輝謙沖寡言，三十年多來，因對中法文化交流有重大貢獻而獲得法國授予文化「騎士勳章」的榮譽。他於五年前開始成立出版部，成爲歐洲一家以出版中國圖書法文譯著爲主業的華人出版社。

潘立輝表示，王家煜先生的法文譯筆典雅、優美而流暢，使他收到「紅塵」譯稿時，愛得不忍釋手，他以一星期的時間一口氣看完，經常讀到凌晨四點。他表示出版此書不惜成本，不太可能賺錢，卻感到十分驕傲，因爲本書能讓不懂中文的旅法華人子弟，更瞭解自己文化根源的可貴之處，同時，本書的寫作技巧必對法國文壇有極大影響。

二、不擅作生意

張先生在六十五歲退休之前，完全是公餘寫作，在軍人、公務員生活中，張先生遭遇的挫折不少。軍職方面，張先生只升到中校就不做了，因爲過去稱張先生爲前輩、老長官的人都成爲張先生的上司，張先生怎麼能做？因爲張先生的現職是軍聞社資料室主任（他在南京時即任國防部新創立的「軍事新聞總社」實際編輯主任，因言守元先生是軍校六期老大哥，未學新聞，不在編輯之列）。但張先生以不求官，只求假退役，不擋人官路，這才退了下來。那時養來亨雞風氣盛行，在南京軍聞總社任外勤記者的姚秉凡先生頭腦靈活，他即時養來亨雞，張先生也「東施效顰」，結果將過去稿費積蓄全都賠光。

三、家庭生活與運動養生

張先生大兒子考取中國廣播公司編譯，結婚生子，廿七年後才退休，長孫修明取得美國南加州大學電機碩士學位，之後即在美國任電機工程師。五個子女均各婚嫁，小兒子選良以獎學金取得美國華盛頓大學化學工程博士，媳蔡傳惠爲伊利諾理工學院材料科學碩士，兩孫亦已大學畢業就業，落地生根。

張先生兩老活到九十一、九十二歲還能照顧自己。（近年以一印尼女「外勞」代做家事）張先生一伏案寫作四、五小時都不休息，與臺大外文系畢業的長子選翰兩人都信佛，六十五歲退休後即吃全素。低血壓十多年來都在五十五至五十九之間，高血壓則在一百一十左右，走路「行如風」，年輕人很多都跟不上張先生，比起初來臺灣時毫不遜色，這和張先生運動有關。因爲張先生住大直後山海軍眷舍八年，眷舍右上方有一大片白色天主教公墓，諸事不順，公家宿舍小，又當西曬，張先生靠稿費維持七口之家和五個子女的教育費。三伏天右手墊塡著毛巾，背後電扇長吹，三年下來，得了風濕病，手都舉不起來，花了不少錢都未治好。後來章斗航教授告訴張先生，圓山飯店前五百完人塚廣場上，有一位山西省主席閻錫山的保鑣王延年先生在教太極拳，勸張先生天一亮就趕到那裡學拳，一定可以治好。張先生一向從善如流，第二天清早就向王延年先生報名請教，王先生有教無類，收張先生這個年已四十的學生，王先生先不教拳，只教基本軟身功攀腿，卻受益非淺。

四、耿直的公務員性格

張先生任職時向來是「不在其位，不謀其政」。後來升簡任一級組長，有一位「地下律師」的專員，平時鑽研六法全書，混吃混喝，與西門町混混都有來往，他的前任爲大畫家齊白石女婿，平日公私不分，是非不明，借錢不還，沒有口德，人緣太差，又常約那位「地下律師」專員到家中打牌。那專員平日不簽到，甚至將簽到簿撕毀他都不哼一聲，因爲爲他多報年齡，屆齡退休時想更改年齡，但是得罪人太多，金錢方面更不清楚，所以不准再改年齡，組長由張先生繼任。

張先生第一次主持組務會報時，那位地下律師就在會報中攻擊圖書科長，張先生立即申斥，並宣佈記過。簽報上去處長都不敢得罪那地下律師，又說這是小事，想馬虎過去，張先生以秘書處名譽紀律爲重，非記過不可，讓他去法院告張先生好了。何宜武祕書長是學法的，他看了張先生簽呈同意記過，那位地下律師「專員」不但不敢告，只暗中找一位不明事理的國大「代表」來找張先生的麻煩。因事先有人告訴他，張先生完全不理那位代表，他站在張先生辦公室門口不敢進來，幾分鐘後悄然而退。人不怕鬼，鬼就怕人。諺云：「一正壓三邪」，這是經驗之談。直到張先生退休，那位專員都不敢惹事生非，西門町流氓也沒有找張先生的麻煩，當年的代表十之八九已上「西天」，張先生活到九十二歲還走路「行如風」，一坐到書桌，能連續寫作四、五小時而不倦，不然張先生怎麼能在兩岸出版約三千萬字的作品？

原載新文豐《紮根台灣六十年》，墨人民國一百年十一月十三日校正）

墨人博士作品全集

文學是千秋慧業

秦皇漢武今何在

李白杜甫仍風流

全集共分四大類

一、散文類　二、小說類

三、文學理論類

四、新詩古典詩詞類

我出生於一個「萬般皆下品，惟有讀書高」的傳統文化家庭，且深受佛家思想影響，因祖母信佛，兩個姑母先後出家，大姑母是帶著賠嫁的錢購買依山傍水風景很好，上名山廬山的必經之地的「天后宮」出家的，小姑母的廟則在鬧中取靜的市區。我是父母求神拜佛後出生的男子，並寄名佛下，乳名聖保，上有二姊下有一妹都夭折了，在那個重男輕女的時代！我自然水漲船高了。我記得四、五歲時一位面目清秀，三十來歲文質彬彬的李瞎子替我算命，母親問李瞎子，我的命根穩不穩？能不能養大成人？李瞎子說我十歲行運，幼年難免多病，可以養大成人，但是會遠走高飛。母親聽了憂喜交集，在那個時代不但妻以夫貴。也以子貴，有兒子在身邊就多了一層保障。母親的心理壓力很大，李瞎子的「遠走高飛」那句話可不是一句好話。

到現在八十多年了，我還記得十分清楚。母親暗自憂心。何況科舉已經廢了，不必「進京趕考」，更不會「當兵吃糧」，安安穩穩作個太平紳士或是教書先生不是很好嗎？我們張家又是大族，人多勢眾，不會受人欺侮，何況二伯父的話此法律更有權威，人人敬仰，去外地「打流」又有什麼好處？因此我剛滿六歲就正式拜孔夫子入學啓蒙，從《三字經》、《百家姓》、《千字文》、《千家詩》、《論語》、《大學》、《中庸》……《孟子》、《詩經》、《左傳》讀完了都要整本背，在十幾位學生中，也只有我一人能背，我背書如唱歌，窗外還有人偷聽，他們實在缺少娛樂。除了我父親下雨天會吹吹笛子、簫，消遣之外，沒有別的娛樂，我自幼歡喜絲竹之音，但是很少聽到。讀書的人也只有我們三房、二房兩兄弟，二伯父在城裡當紳士，偶爾下鄉排難解紛，他是一族之長，更受人尊敬，因爲他大公無私，又有一百八十公分左右的身高，眉眼自有威嚴，能言善道，他的話比法律更有效力，加之民性純樸，真是「夜不閉戶，道不失遺」。只有「夏都」廬山才有這麼好的治安。我十二歲前就讀完了四書、詩經、左傳、千家詩。我最喜歡的是《千家詩》和《詩經》。

關關睢鳩，在河之洲，
窈窕淑女，君子好逑。

我覺得這種詩和講話差不多，可是更有韻味。我就喜歡這個調調。《千家詩》我也喜歡，我背得更熟。開頭那首七言絕句詩就很好懂：

雲淡風清近午天，傍花隨柳過前川。
時人不識余心樂，將謂偷閒學少年。

老師不會作詩，也不講解，只教學生背，我覺得這種詩和講話差不多，但是更有韻味。我也了解大意，我以讀書爲樂，不以爲苦。這時老師方教我四聲平仄，他所知也止於此。

我也喜歡《詩經》，這是中國最古老的詩歌文學，是集中國北方詩歌的大成。可惜三千多首被孔子刪得只剩三百首。孔子的目的是：「詩三百，一言以蔽之，曰思無邪。」孔老夫子將《詩經》當作教條。詩是人的思想情感的自然流露，是最可以表現人性的。先民質樸，孔子既然知道「食色性也」，對先民的集體創作的詩歌就不必要求太嚴，以免喪失許多文學遺產和地域特性。楚辭和詩經不同，就是地域特性和風俗民情的不同。文學藝術不是求其同，而是求其異。這樣才會多彩多姿。文學不應成爲政治工具，但可以移風易俗，亦可淨化人心。我十二歲以前所受的基礎教育，獲益良多，但也出現了一大危機，沒有老師能再教下玄。幸而有一位年近二十歲的姓王的學生在廬山一未立案的國學院求學，他問我想不想去？我自然想去，但廬山夏涼，冬天太冷，父親知道我的心意，並不反對，他對新式的人手是刀尺的教育沒有興趣，我便在飄雪的寒冬同姓王的爬上廬山，我生在平原，這是第一次爬上高山。

在廬山我有幸遇到一位湖南岳陽籍的閻毅字任之的好老師，他只有三十二歲，飽讀詩書，與民國初期的江西大詩人散原老人唱和，他的王字也寫的好。有一天他要六七十位年齡大小不一的學生各寫一首絕句給他看，我寫了一首五絕交上去，廬山松樹不少，我生在平原是看不到松樹的，我是即景生情，信手寫來，想不到閻老師特別將我從大教室調到他的書房去，在他右邊靠牆壁另加一桌一椅，教我讀書寫字，並且將我的名字「熹」改爲「熙」，視我如子。原來是他很欣賞我那首五絕中的「疏松月影亂」這一句。我只有十二歲，不懂人情世故，也不了解他的深意。時任漢口市長張群的侄子張繼文還小我一歲，卻是個天不怕、地不怕的小太保，江西省主席熊式輝的兩個小舅子大我幾歲，閻老師的侄子卻高齡二十八歲。學歷也很懸殊，有上過大學的、高中的，多是對國學有興趣，支持學校的袞袞諸公也都是有心人士，新式學校教育日漸西化，國粹將難傳承，所以創辦了這樣一個尙未立案的國學院，也未大張旗鼓正式掛牌招生，但聞風而至的要人子弟不少，校方也本著「有教無類」的原則施教，閻老師也是義務施教，他與隱居廬山的要人嚴立三先生也有交往。（抗日戰爭一開始嚴立三即出山任湖北省主席，諸閻老師任省政府秘書，此是後話。）同學中權貴子弟亦多，我雖不是當代權貴子弟，但九江先組玉公以提督將軍身分抵抗蒙古騎兵入侵雁門關戰死東昌(雁門關內北京以西縣名，一九九〇年我應邀訪問大陸四十天時去過。)而封河間王；其子輔公。以進士身分出仕，後亦應昭領兵三定交趾而封定興王；其子貞公亦有兵權，因受政客讒害而自嘉定謫居潯陽。大詩人白居易亦曾謫爲江州司馬，我另一筆名即用江州司馬。我是黃帝第五子揮的後裔，他因善造弓箭而賜姓張。遠祖張良是推薦韓信爲劉邦擊敗楚霸王項羽的漢初三傑之首。他有知人之明，深知劉邦可以共患難，不能共安樂，所以悄然引退，作逍遙遊，不像韓信爲劉邦拼命打天下，立下汗馬功勞，雖封三齊王卻死於未央宮呂后之手。這就是不知進退的後果。我很敬佩張良這位遠祖，抗日戰爭初期（一九三八）我爲不作「亡國奴」，即輾轉赴臨時首都武昌以優異成績考取軍校，一位落榜的姓熊的同學帶我們過江去漢口。中共未公開招生的「抗日大學」（當時國共合作抗日，中共在漢口以「抗大」名義吸收人才。）辦事處參觀，接待我們的是一位讀完大學二年級才貌雙全，口才奇佳的女生獨對我說負責保送我免試進「抗大」一期，因未提其他同學，我不去。一年後我又在軍校提前一個月畢業，因我又考取陪都重慶中央政府培養高級軍政幹部的中央訓練團，而特設的新聞「新聞研究班」第一期，與我同期的有爲新詩奉獻心力的覃子豪兄（可惜五十二歲早逝）和中央社東京分社主任兼國際記者協會主席的李嘉兄。他在我訪問東京時曾與我合影留念，並親贈我精裝《日本專欄》三本。他七十歲時過世，這兩張照片我都編入「全集」一百九十多萬字的空前大長篇小說（紅塵）照片類中。而今在台同學只有兩位了。

民國二十八年（一九三九）九月我以軍官、記者雙重身分，奉派到第三戰區最前線的第三十二集團軍上官雲相總部所在地，唐宋八大家之一，又是大政治家王安石，尊稱王荊公的家鄉臨川，（屬撫州市）作軍事記者，時年十九歲，因第一篇戰地特寫《臨川新貌》經第三戰區長官都主辦的行銷甚廣的《前線日報》發表，隨即由淪陷區上海市美國人經營的《大美晚報》轉載，而轉為文學創作，因我已意識到新聞性的作品易成「明日黃花」，文學創作則可大可久，我為了寫大長篇《紅塵》、六十四歲時就請求提前退休，學法出身的秘書長何宜武先生大惑不解，他對我說：

「別人想幹你這個工作我都不給他，你為什麼要退？」我幹了十幾年他只知道我是個奉公守法的張萬熙，不知道我是「作家」墨人，有一次國立師範大學校長劉真先生告訴他張萬熙就是墨人，劉校長看了我在當時的「中國時報」發表的幾篇有關中國文化的理論文章，他希望我繼續寫，劉校長真是有心人。沒想到他在何宜武秘書長面前過獎，使我不能提前退休，要我幹到六十五歲多四個月才退了下來。現在事隔二十多年我才提這件事。鼎盛時期的（台灣新生報）連載四年多的拙作《紅塵》出版前三冊時就同時獲得新聞局著作金鼎獎和嘉新文化基金會「優良著作獎」，劉真校長也是嘉新文化基金會的評審委員之一，他一定也是投贊成票的。「世有伯樂而後有千里馬」。我九十二歲了，現在經濟雖不景氣，但我還是重讀重校了拙作「全集」我一向只問耕耘，不問收穫，我歷任軍、公、教三種性質不同的職務，經過重重考核關卡，寫作七十三年，經過編者的考核更多，我自己從來不辦出版社。我重視分工合作。我頭腦清醒，是非分明，歷史人物中我更敬佩遠祖張良，不是劉邦。張良的進退自如我更歎服。在政治角力場中要保持頭腦清醒，人性尊嚴並非易事。我們張姓歷代名人甚多，我對遠祖張良的進退自如尤為歎服，因此我將民國四十年在台灣出生的幼子依譜序取名選良。他早年留美取得化學工程博士學位，雖有獎學金，但生活仍然艱苦，美國地方大，出入非有汽車不可，這就不是獎學金所能應付的，我不能不額外支持，他取得化學工程博士學位與取得材料科學碩士學位的媳婦蔡傳惠雙雙回台北探親，且各有所成，幼子曾研究生產了飛機太空船用的抗高溫的纖維，媳婦則是一家公司的經理，下屬多是白人，兩孫亦各有專長，在台北出生的長孫是美國南加州大學的電機碩士，在經濟不景氣中亦獲任工程師，我不要第三代走這條文學小徑，是現實客觀環境的教訓，我何必讓第三代跟我一樣忍受生活的煎熬，這會使有文學良心的人精神崩潰的。我因經常運動，又吃全素二十多年，九十二歲還能連寫四、五小時而不倦。我寫作了七十多年，也苦中有樂，但心臟強，又無高血壓，一是得天獨厚，二是生活自我節制，我到現在血壓還是60－**110**之間，沒有變動，寫作也少戴老花眼鏡，走路仍然「行如風」，十分輕快，我在國民大會主編《憲政思潮》十八年，看到不少在大陸選出來的老代表，走路兩腳在地上蹉跎，這就來日不多了。個人的健康與否看他走路就可以判斷，作家寫作如在八十歲以後還不戴老花眼鏡，沒有高血壓，長命百歲絕無問題。如再能看輕名利，不在意得失，自然是仙翁了。健康長壽對任何人都很重要，對詩人作家更重要。

一九九〇年我七十歲應邀訪問大陸四十天作「文學之旅」時，首站北京，我先看望已九十高齡的老前輩散文作家，大家閨秀型的風範，平易近人，不慍不火的冰心，她也「勞改」過，但仍心平氣和。本來我也想看看老舍，但老舍已投湖而死，他的公子舒乙是中國現代文學館的副館長，他也出面接待我，還送了我一本他編寫的《老舍之死》，隨後又出席了北京詩人作家與我的座談會，參加七十賤辰的慶生宴，彈指之間卻已二十多年了。我訪問大陸四十天，次年即由台北「文史哲出版社」出版照片文字俱備的四二五頁的《大陸文學之旅》。不虛此行。大陸文友看了這本書的無不驚異，他們想不到我七十一高齡還有這樣的快筆，而又公正詳實。他們不知我行前的準備工作花了多少時間，也不知道我一開筆就很快。

我拜會的第二位是跌斷了右臂的詩人艾青，他住協和醫院，我們一見如故，他是浙江金華人，卻體格高大，性情直爽如燕趙之士，完全不像南方金華人。我們一見面他就緊握著我的手不放，侃侃而談，我不知道他編《詩刊》時選過我的新詩。在此之前我交往過的詩人作家不少，沒有像他如此豪放真誠，我告別時他突然放聲大哭，陪我去看他的北京新華社社長族侄張選國先生，陪我四十天作《大陸文學之旅》的廣州電視台深圳站站長高麗華女士，文字攝影記者譚海屏先生等多人，不但我為艾青感傷，陪同我去看艾青的人也心有戚戚焉，所幸他去世後安葬在八寶山中共要人公墓，他是大陸唯一的詩人作家有此殊榮。台灣單身詩人同上校軍文黃仲琮先生，死後屍臭才有人知道，他小我二歲，如我不生前買好八坪墓地，連子女也只好將我兩老草草火化，這是與我共患難一生的老伴死也不甘心的，抗日戰爭時她父親就是我單獨送上江西南城北門外義山土葬的。這是中國人「入土為安」的共識。也許有讀者會問這和文學創作有什麼關係？但文學創作不是單純的文字工作，而是作者整個文化觀、文學觀，人生觀的具體表現，不可分離。詩人作家不能「瞎子摸象」，還要有「舉一反三」的能力。我做人很低調。寫作也不唱高調，但也會作不平之鳴、仗義直言。我不鄉愿，我重視一步一個腳印，「打高空」可以譁眾邀寵於一時，但「旁觀者清」，讀者中藏龍臥虎，那些不輕易表態的多是高人。高人一旦直言不隱，會使洋洋自得者現出原形。作品一旦公諸於世，一切後果都要由作者自己負責，這也是天經地義的事。

我寫作七十多年無功無祿，我因熬夜寫作頭暈住馬偕醫院一個星期也沒有人知道，更不像大陸的當代作家、詩人是有給制，有同教授的待遇，而稿費、版稅都歸作者所有。依據民國九十八年一月十日「中國時報」A十四版「二〇〇八年中國作家富豪榜單」二十五名收入人民幣的數字統計，第一高的郭敬明一年是一千三百萬人民幣，第二名鄭淵潔是一千一百萬人民幣，第三名楊紅纓是九百八十萬人民幣。最少的第二十五名的李西閩也有一百萬人民幣，以人民幣與台幣最近的匯率近一比四・五而言，現在大陸作家一年的收入就如此之多，是我一九九〇年應邀訪問大陸四十天作文學之旅時所未想像到的，而現在的台灣作家與我年紀相近的二十年前即已停筆，原因之一是發表出版兩難，二是年齡太大了。民國九十八年（二〇〇九）以前就有張漱菡（本名欣禾）、尹雪曼、劉枋、王書川、艾雯、嚴友梅六位去世，嚴友梅還小我四、五歲，小我兩歲的小說家楊念慈則行動不便，鬍鬚相當長，可以賣老了。我托天佑，又自我節制，二十多年來吃全素，又未停止運動，也未停筆，最近在台北榮民總醫院驗血檢查，健康正常。我也有我的養生之道，每天吃枸杞子明目，吃南瓜子抑制攝護腺肥大，多走路、少坐車，伏案寫作四、五小時而不疲倦，此非一日之功。

民國九十八（二〇〇九）己丑，是我來台六十周年，這六十年來只搬過兩次家，第一次從左營搬到台北大直海軍眷舍，在那一大片天主教白色公墓之下，我原先不重視風水，也無錢自購住宅，想不到鄰居的子女有得神經病的，有在金門車禍死亡的，大人有坐牢的，有槍斃的，也有得神經病的，我退役養雞也賠光了過去稿費的積蓄，讀台大外文系的大兒子也生病，我則諸事不順，直到搬到大屯山下坐北朝南的兩層樓的獨門獨院自宅後，自然諸事順遂，我退休後更能安心寫作，遠離台北市區，真是「市遠無兼味，地僻客來稀。」同里鄰的多是市井小民，但治安很好，誰也不知道我是爬格子的，連警察先生也不光顧舍下，除了近十年常有人打電話來騙我，幸未上大當外，我安心過自己的生活。當年「移民潮」去不了美國的也會去加拿大，我是「美國人」的祖父，我不移民美國，更別說去加拿大了。娑婆世界無常，早年即移民美國的琦君（本名潘希真）、彭歌，最後還是回到台灣來了，這不能說台灣是「天堂」，以我的體驗而言是台北市氣候宜人，夏天三十四度以上的日子少，冬天十度以下的日子也很少，老年人更不能適應零度以下的氣溫，我只有冬天上大屯山、七星山頂才能見雪。有高血壓、心臟病的老人更不能適應。我不想做美國公民，做台灣平民六十多年，也沒有自卑感。

娑婆世界是一個無常的世界，天有不測風雲，人有旦夕禍福，老子早說過：「福兮禍所倚，禍兮福所伏。」禍福無門，唯人自招。我一生不起歪念，更不損人利己，與人爲善。雖常吃暗虧，只當作上了一課。這個花花世界是我學不完的大教室，萬丈紅塵其中也有黑洞，我心存善念，更不造文字孽，不投機取巧，不違背良知，蒼天自有公斷，我本著文學良心寫作，盡其在我而已，讀者是最好的裁判。

民國一〇〇年（二〇一一）辛卯七月二十九日下午六時二十三分於紅塵寄廬

1951 年墨人 31 歲與夫人曾麗春女士（30 歲）結婚十周年紀念合影於左營

墨人博士七十壽辰與夫人曾麗春女士合影。此照為大翻譯家、文學理論家黃文範先生所攝，並在照片背後題「南山北海惟仁者壽」。

民國二十九年（1940）作者墨人在江西南城戎裝照。

1939 年墨人即自戰時陪都四川重慶奉派至江西臨川王安石家鄉，第三戰區前線任軍事記者創辦軍報，提供抗日官兵精神食糧。時年 19 歲。

2010 年「五四」作者墨人 91 歲在花蓮和南寺家人合影

2003 年 8 月 26 日作者墨人（中）在含鄱口觀山景點與
作者長女韻華、長子選翰、三女韻湘、二女韻真合影。

2005 年 2 月作者次子選良（右一）回台北與父（右二）及
作者夫人（中）三女韻湘（左二）二女韻真（左一）合影。

作者墨人在書房留影，時年八十五歲。

《墨人博士大長篇小說〈紅塵〉法文譯本封面照片》

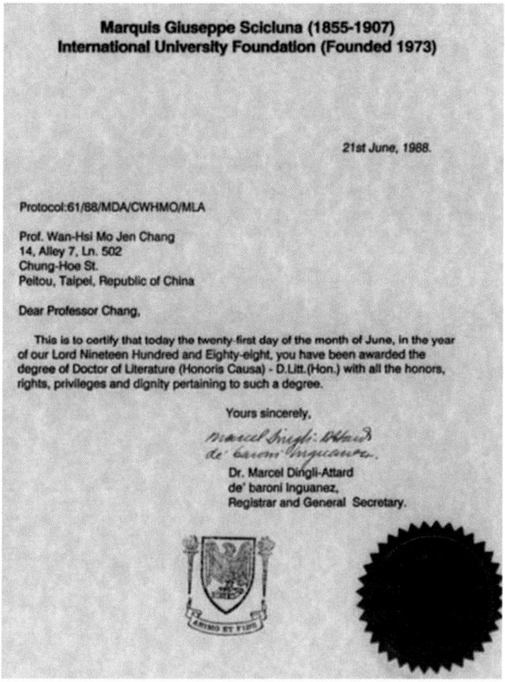
Marquis Giuseppe Scicluna (1855-1907)
International University Foundation (Founded 1973)

21st June, 1988.

Protocol:61/88/MDA/CWHMO/MLA

Prof. Wan-Hsi Mo Jen Chang
14, Alley 7, Ln. 502
Chung-Hoe St.
Peitou, Taipei, Republic of China

Dear Professor Chang,

This is to certify that today the twenty-first day of the month of June, in the year of our Lord Nineteen Hundred and Eighty-eight, you have been awarded the degree of Doctor of Literature (Honoris Causa) - D.Litt.(Hon.) with all the honors, rights, privileges and dignity pertaining to such a degree.

Yours sincerely,

Dr. Marcel Dingli-Attard
de' baroni Inguanez,
Registrar and General Secretary.

1988 年美國馬奎士國際大學基金會，授予張萬熙墨人教授榮譽文學博士學位證書。

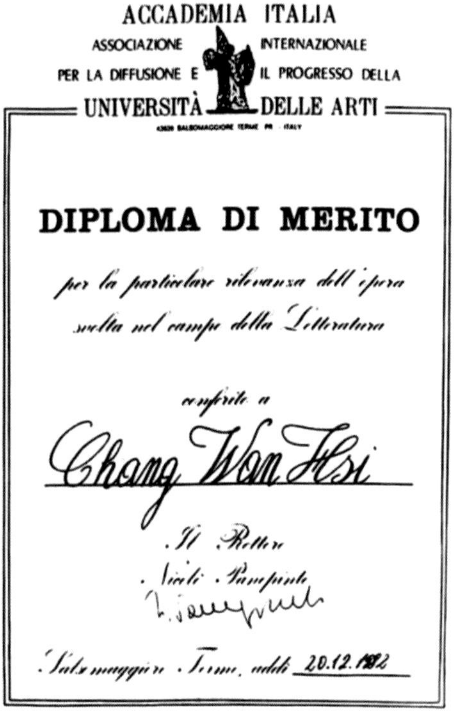
ACCADEMIA ITALIA
ASSOCIAZIONE INTERNAZIONALE
PER LA DIFFUSIONE E IL PROGRESSO DELLA
UNIVERSITÀ DELLE ARTI
DIPLOMA DI MERITO
per la particolare rilevanza dell'opera
scelta nel campo della Letteratura
conferito a
Chang Wan Hsi
Il Rettore
Nicola Pampinto
Salsomaggiore Terme, addì 20.12.1982

義大利出版英、法、德、義四種文字的「國際文學史」的 ACCADEMIA ITALIA, 1982 年授予墨人的文學功績證書。

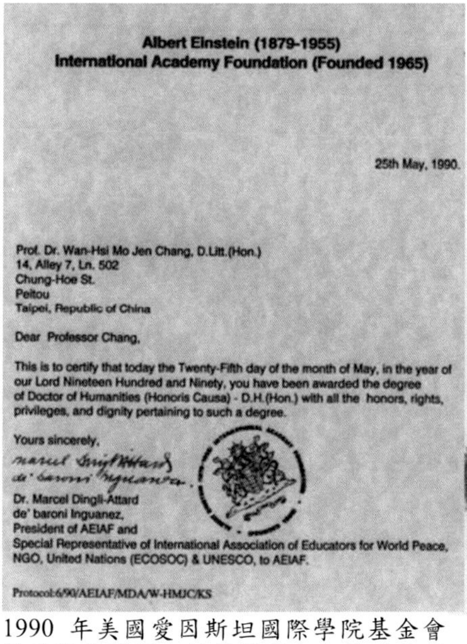
Albert Einstein (1879-1955)
International Academy Foundation (Founded 1965)

25th May, 1990.

Prof. Dr. Wan-Hsi Mo Jen Chang, D.Litt.(Hon.)
14, Alley 7, Ln. 502
Chung-Hoe St.
Peitou
Taipei, Republic of China

Dear Professor Chang,

This is to certify that today the Twenty-Fifth day of the month of May, in the year of our Lord Nineteen Hundred and Ninety, you have been awarded the degree of Doctor of Humanities (Honoris Causa) - D.H.(Hon.) with all the honors, rights, privileges, and dignity pertaining to such a degree.

Yours sincerely,

Dr. Marcel Dingli-Attard
de' baroni Inguanez,
President of AEIAF and
Special Representative of International Association of Educators for World Peace, NGO, United Nations (ECOSOC) & UNESCO, to AEIAF.

Protocol:6/90/AEIAF/MDA/W-HMJC/KS

1990 年美國愛因斯坦國際學院基金會授予張萬熙墨人教授榮譽人文學（含哲學文學藝術語言四種）博士學位

WORLD UNIVERSITY ROUNDTABLE
In Corporate Affiliation with the World University
Greetings
In recognition of Distinguished Achievement within the principles and purposes of the World University development, the Trustees of the Corporation, upon the nomination of the Secretariat, confer doctoral membership and this honorary award upon
Chang Wan-Hsi (Mo Jen)
The Cultural Doctorate in Literature
with all rights and privileges there to pertaining.
Witness our hand and seal at the International Secretariat Regional Campus, Benson, Arizona
April 17, 1989
President of the Board of Trustees
Secretary of the Board of Trustees

1989 年美國世界大學授予張萬熙墨人榮譽文學博士學位，文化大學創辦人張其昀（曉峰）先生亦獲此榮譽。

THIS
PICTORIAL
TESTIMONIAL
OF ACHIEVEMENT
AND DISTINCTION
proclaims throughout the world that
DR. CHANG WAN-HSI (MO JEN)
is the recipient of the above-mentioned Honour,
granted by the Board of Editors of the
2000 OUTSTANDING SCHOLARS
OF THE
20TH CENTURY
meeting in Cambridge, England, on the date set out below,
AND that the Board also resolves that a portrait photograph of
DR. CHANG WAN-HSI (MO JEN)
be attached to this Testimonial as verification
of the Honour bestowed.
2000 OUTSTANDING SCHOLARS OF THE 20TH CENTURY
First Edition
Signed and sealed on the
14th December 1999
Authorized Officer

1999 年 10 月張萬熙墨人博士榮登英國劍橋國際傳記中心《二十世二千位傑出學者》第一版證書。

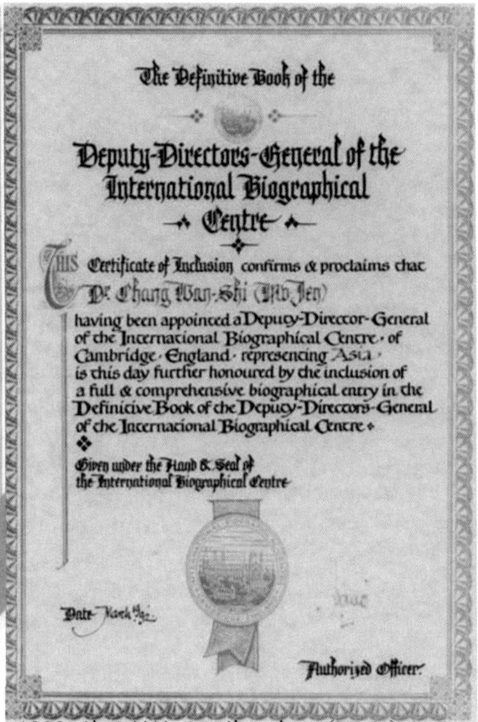
The Definitive Book of the
Deputy-Directors-General of the
International Biographical
Centre
THIS Certificate of Inclusion confirms & proclaims that
Dr. Chang Wan-Shi (Mo Jen)
having been appointed a Deputy-Director-General
of the International Biographical Centre of
Cambridge England representing Asia
is this day further honoured by the inclusion of
a full & comprehensive biographical entry in the
Definitive Book of the Deputy-Directors-General
of the International Biographical Centre
Given under the Hand & Seal of
the International Biographical Centre
Date
Authorized Officer

1992 英國劍橋國際傳記中心（I.B.C.）任張萬熙墨人博士為代表亞洲的副總裁。

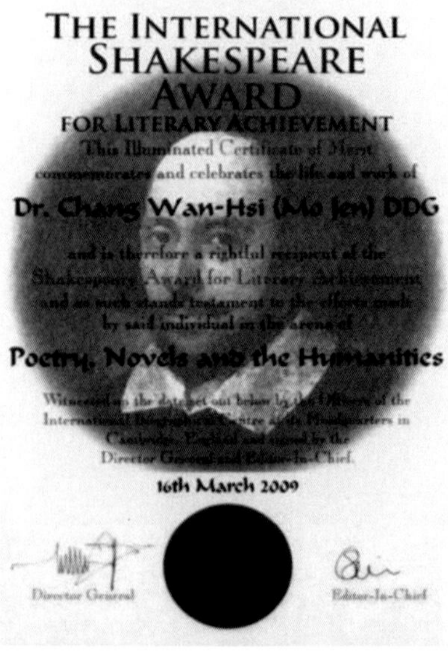
THE INTERNATIONAL
SHAKESPEARE
AWARD
FOR LITERARY ACHIEVEMENT
This Illuminated Certificate of Merit
commemorates and celebrates the life and work of
Dr. Chang Wan-Hsi (Mo Jen) DDG
and is therefore a rightful recipient of the
Shakespeare Award for Literary Achievement
and as such stands testament to the efforts made
by said individual in the arena of
Poetry, Novels and the Humanities
Witnessed on the date set out below by the Officers of the
International Biographical Centre at its Headquarters in
Cambridge, England and signed by the
Director General and Editor-In-Chief.
16th March 2009
Director General
Editor-In-Chief

2009 年 3 月 16 日英國劍橋國傳記中心總裁與總編輯聯合授予張萬熙墨人博士國際莎士比亞文學成就獎。

International Biographical Centre Cambridge CB2 3QP England
IBC
REF : LAA/MED/MW-13640
13 November 2002
Dr Chang Wan-Hsi (Mo Jen) DDG
14 Alley 7, Lane 502
Chung Ho Street
Peitou
Taipei
Taiwan
Dear Dr Chang
Please find enclosed the Medal in respect of the **Lifetime Achievement Award** which I hope meets with your approval.
Yours sincerely
MICHELLE WHITEHALL
Personal Assistant to the Director General
Enc

英國劍橋國傳記中心（I.B.C.）2002 年頒發詩人作家張萬熙（墨人）博士終身成就獎，英文信及金牌正反面照片墨人早年即被 I.B.C.推選為副總裁。

墨人博士作品全集

黑森林

目次

附 錄

墨人博士作品全集　黑森林　30

第一章 進入森林魚得水 埋伏襲擊打後頭

現在我已經跨過泰國邊境進入滇緬邊區了。

這兒是一望無際的大森林，幾千年的古樹直向天空伸展，好像要頂住藍天似的。前後左右盡是好幾個人才能合抱的大樹幹，不到幾十丈遠視線就被這些粗大的樹幹遮住了，再向前面望就是陰森森的一片，什麼也看不見。向天上望也是徒然，一層又一層的枝葉濃綠得簡直化不開來，望不見一朵白雲，望不見一塊青天，太陽的萬道金劍也刺不透這密密麻麻的叢林，即使枝葉稀疏處偶爾篩下一線陽光也是那麼柔弱無力，樹葉一搖動就會把這一線十分微弱的陽光遮斷了。

這兒沒有路，只有野獸踐踏的小徑，在那上面還能依稀地看出虎豹和大象的脚跡。

這兒沒有人，除了我和大象的主人以外，走了幾小時路我還沒有看見一個人影。

這兒是野獸的世界，猿在大樹上蹦着跳着，牠的長臂一會兒抓着這根樹枝，縱身一躍又跳到那棵樹上去，一會兒又從那棵樹上照樣地跳過來，有時是一個一個地跳，有時是一羣一羣地跳，有時大胆地跳到我頭上的樹枝上來咕咕地叫着，我把手上的棍子一揚牠們又咕咕地跳開，是那麼敏捷迅速，連牠的一根毛也捱不着。有一次我揚着棍子趕猿時，我忽然發現一條一丈多長的大蟒盤旋在一根粗樹枝上，我不覺一驚，同時催促着土人快點趕着象走，但走不到幾丈遠另一條一丈多長的蟒又從大象面前唰的一聲飛馳過去，同時聽到青蛙呱嘓呱嘓地叫了幾聲，然後又寂然無聲，大概是被蟒吞進去了。

象在森林中艱難地行走着，牠的步伐緩慢而沉重。走了幾小時牠大概也有點累了熱了，牠不時用牠粗而長的大鼻子「苦」——「苦」——地噴着儲存在牠身上的水份，先向右面噴噴，又向左面噴噴，每噴射一次總要飛濺一些水珠到我身上來，起初我還用手巾揩揩，後來實在揩不勝揩，也就只好由它去了。坐在象頸上的土人對象這種習慣他是太清楚了，他彷彿沒有這回事似的，他只將兩隻脚用力地蹬住象的耳根，不斷地揮着手裡的鋼刀砍劈着擋着我們去路的樹枝籐葛，他的兩手已經被樹枝刺傷好幾處，我的臉也被砍斷的樹枝刮破了皮，汩汩地流血。當土人覺得太累或是遇着砍不斷的樹擋住路時他便呼哨一聲，於是我們這頭青灰色的大象就伸長牠的大鼻子和兩根大牙左一掀右一掀，一會兒樹就拍啦一聲倒了下來。我眞驚奇象這東西在森林中竟有這麼大的用處。土人看見象把樹掀倒了他也會拍拍牠的頭讚賞地一笑。

我是坐在象背上的搖籃裡的，這是一個最安全最舒適的位置。在這上面一搖一搖的人就想睡，可是我的心情有點焦急緊張，眼皮剛一闔攏就會突然驚覺地睜開來，越往森林深處行走我心裡就越忐忑不安。現在已經走了五六小時還不見一個人影，森林裡面是越來越暗了。各種野獸彷彿競賽似的大聲地吼叫着。我不知道夜晚住在什麼地方？也不知道什麼時候有人來接我？我心裡眞是越想越焦急，土人只會講幾句中國話，我却不會講夷語泰語或緬語，我們幾乎完全靠手勢表達我們的心意，一路來我已經做過很多手勢了，現在土人有點懶洋洋的，我也提不起做手勢的興趣，我只好再從口袋裡掏出老長官江漢清司令先後給我的兩封信在光線比較亮的地方來看，這兩封信我已經看過幾十遍了。

第一封信是三個月前在台北收到的，他對大陸的沉淪和家屬的慘死非常痛心，他簡直是一字一淚地寫着，他說他一定要打回去，並且勸我到他這邊來打游擊。

……汝爲余最得意之學生，余深知汝之智勇忠誠，如今國土淪喪，親屬慘死，每念及此，余不禁涕淚滂沱，汝爲一有血性之革命軍人，望速來此間，助余一臂之力，打回大陸，復仇雪恥。余兩鬢已斑，萬一不幸，唯汝能繼余志矣！……

當初我讀到這封信時我也不禁涕淚滂沱，我知道在滇緬邊區打游擊是一件十分困苦的事，因爲老長官已經把游擊區的情形在第一二兩頁紙上寫得很淸楚。但老長官的這段話時刻縈繞在我心頭，他過去對我又實在太好，爲公爲私我都不該拂逆他的深意，因此在一個月前我終於辭去文職，籌措了一筆旅費，費了不少周折才能到這兒來。動身前我又接到他一封信，他除了告訴我多買點藥品之外還說一過泰國邊境就是他的防區，他會派人經常守候迎接我的。可是現在天都快黑了還不見一個人影，土人雖然忠厚可靠，但在這種大森林裡過夜總是危險的。何況食肉的野獸正嗥叫得非常悽厲哩！

正在我扒心地胡思亂想時，不遠的地方「唔」的一聲怪叫，馬上山鳴谷應，聽來特別怕人。我機警地掏出這枝追隨我將近十年的手槍，作自衛的準備，不管牠是獅子老虎，只要牠一走近來我就射擊，我也正想試試我的槍法是否已經荒疏？但坐在象頭上的土人卻向我搖搖手，然後拍拍象頭，又捻亮一下手電。我知道他的意思，一是表示有他這頭青灰色的大象任何野獸都不必怕，這使我很快地想起泰山片子裡大象的威風，一頭兩三百斤的猛虎牠只把鼻子一捲一掀就把猛虎摔出幾丈以外活活摔死。這頭大象我親眼看見牠掀倒幾棵大樹，對付要把猛虎大概也是沒有問題的。何況牠又非常忠實非常聽話[illegible]至於手電也是我進入森林之前購備的，它除了可以照着走路還可以嚇唬野獸。兒時我在廬山就聽見一個老和尚說過他以一支燈籠嚇退一個老虎的故事。現在土人又捻亮一下手電大概也是這個意思。因此我也用左手握着緊在腰間的手電筒，準備在看見老虎或者豹子時一下捻亮，土人看見我這樣作馬上向我點頭微笑，但我右手還是緊握着手槍，而且用食指扣住扳機，只要一看見敵人子彈就會流星樣地飛過去的。

當我聚精會神地注意周圍的動靜時忽然又「唔」的一聲怪叫，現在聲音好像離我們近了一點，不但使我提高了警覺，象也豎起耳朶停住脚步，同時示威地把鼻子伸長起來，「苦」了幾聲。土人嘉獎地在牠頭上輕輕地拍了幾下，同時把手裡的鋼刀在空中一劃，臉上的表情也嚴肅起來。

第二次「唔」叫之後不久又接着「唔」——「唔」——兩聲，這兩聲比先前兩聲還要怕人，連山谷似乎都震盪起來，樹葉子也在顫慄哩！不知道這傢伙是獅子還是老虎？但從牠的吼聲裡可以判斷牠的獸性已經發作了。我扣着扳機的食指幾乎要扳動了，象也伸長着鼻子用前脚抓着泥土，土人已經捻亮了手電向四處掃射。正在這時我忽然聽見拍——拍——拍——三聲槍響，和野獸衝動奔竄的響聲，隨後又聽見「唔」的一聲和拍拍兩槍，接着是一種笨重的東西倒地的聲音，和突然爆發出來的嘿嘿嘿的狂笑。

「人，人，有人！」我不自覺地驚喜得叫了起來。

「咕！咕！」土人高興地用右手做成一個圓筒呼嘯起來。

不遠的地方也馬上報以咕咕兩聲，土人笑着把象趕過去。

不到十分鐘就看見兩個人騎着馬穿過樹林迎面而來。走在前面的那個人大約三十二三歲，中等身材，像鐵一樣地結實，頭上戴着一頂椰子葉編織的闊邊帽子，頭髮快披到肩上，腰上掛了兩枝短槍，結結實實地圍了兩排子彈。方面濶嘴，圓眼劍眉，遠遠就知道他一臉殺氣騰騰，稍一走近我就看見他的左耳有一個三四分大小的缺口，好像是子彈穿破的。兩條眉尾奇怪地向上旋轉着，右眉骨上還有一個傷疤，臉上的皮膚粗糙黧黑，土人看見他忽然一怔，顯出一種十分畏怯的樣子來。

「你們幹什麼的？」他的黑馬突然停在大象的面前，他兩手握着腰間的手槍，睜大眼睛望着我問，聲音激厲洪亮得駭人。

我怕他是土匪，我也警覺地握住手槍，但他眼快手快，他馬上舉起兩枝手槍對準我厲聲說：

「不准動！舉起手來！」

我看看他左右兩個食指已經扣住扳機，這時反擊已經來不及，我只好半舉着手，同時反問他一句：

「請問你們是幹什麼的？」

「打老虎的！」他輕蔑地說。

「打共[redacted]的。」他後面那個人補充一句。這人大約二十八九歲，右眼皮上有一個疤，閉不攏來，因此這隻眼睛顯得比左眼大。他腰間只配一枝槍，圍一排子彈，頭上戴一頂鴨舌帽，樣子比他的同伴和善得多。

「哈哈，那我們是同志了。」我笑着說。

「同志，你也配？」前面這傢伙向我把眼一瞪，嘴一撇，那種瞧不起人的樣子眞有點使我氣憤。

「請問你是那一部份的？」後面那個人向我全身上下打量了一番，然後審愼地問。

「現在還不屬於那一部份，我是來找汪司令的。」我一面說一面自動地放下手來。

他們兩人交換了一下臉色，前面這個人隨即把手槍插進皮匣，後面那個人却笑着問我：

「汪什麼名字？你有證件嗎？」

「汪漢清。」我隨手掏出老長官那兩封信交給他。

前面這傢伙把信掠了一眼之後馬上把馬一拍，向我走近一步，同時伸出手來：

「嘿嘿！我等了你十幾天，今天才碰上，嘿嘿！」

他緊緊地握着我的手，使我的手有點麻木起來，然後又放開手在我大腿上重重地一拍，又嘿嘿兩聲。

「對不起，勞你們久等了。」我抱歉地說。「請問你們貴姓？」

「我叫駱中興，別人叫我駱鐵頭。」前面這個人說。

「我叫商大祥。」後面那個人接着說。

接着我也把我的姓名告訴了他們，駱鐵頭却笑着說：

「嘿嘿！司令早就告訴我們了。」

這一來我心裡也非常快活，我馬上和他們攀談起來。在談話中我知道駱鐵頭是第一縱隊的突擊隊長，是我老長官汪漢清的部下。商大祥原是馬幫商人，也在突擊隊裡，他們兩位都是雲南騰衝人。

土人看見我們談得很投機他心裡也很快活。駱鐵頭拿出五個老盾想打發他回去，我看看天馬上就要黑下來，要他和我們一同到中繼站過夜，商大祥把我的意思告訴土人，他聽了之後向我點頭微笑，同時用鋼刀的背敲敲大象的頭，大象又向前邁着大步走，駱鐵頭和商大祥的馬一前一後，一個引路，一個掩護，這樣我和土人就放心多了。

走了五六十公尺我就看見一隻兩三百斤重的老虎躺在一棵大樹脚下，地上有一灘血，我知道這是剛才打死的。

「是你打死的？」我問駱鐵頭。

「是我這兩個傢伙。」他迅速地把兩枝手槍拔出來，向我咧開大嘴一笑。

「天快黑了，再遇見老虎可不是玩的。」我沒有在這種森林裡走過夜路，這兒到處是野獸，我不免有點担心。

「放心，我閉着眼睛也可以打死牠。」駱鐵頭兩腿把馬一夾，兩手把槍一揚，眼睛一閉，拍拍兩槍，前面樹上的兩隻猿就同時翻落下來。

我着了心裡不免一怔、這傢伙的槍法眞準，我雖然也有百步穿楊的絕技，可沒有閉着眼睛打過東西。他打了兩隻猿，心裡也很高興，回頭望了我一眼，又把馬一夾，就在森林中東竄西竄地馳騁起來。同時嘴裡還咿咿呀呀地唱着：

大路小路都不走
村莊城市莫停留
進入森林魚得水
埋伏襲擊打後頭

……

第二章　駱鐵頭英雄本色
商大祥逼上梁山

天完全黑了。

森林裡面伸手不見掌，我們完全靠手電照着走路，四支手電輪流地照射着，駱鐵頭仍然一馬當先，他走得很快，常常走一程等一程，有幾次我們不知道他走到那兒去了，連手電也照不着他，我想不出方法和他聯絡，商大祥卻用手做成圓筒放在嘴上「咕——咕」幾聲，不久駱鐵頭也回以「咕——咕」之聲，馬上山鳴谷應，猿聽見了也在樹上咕咕地叫着。

鐵頭總愛一個人走，自然是走在前面的時候多，但有一次他卻故意拉在後面很遠，當商大祥「咕——咕——」半天之後才聽見他的回聲，由於山谷的响應，我實在不知道他是在前面還是後面，但一轉眼之間我就看見後面的手電一閃，發現駱鐵頭騎着馬的得的得地衝了上來。

「我們還是一塊兒走吧？一個人跑總是危險的。」當他衝過我的大象旁邊時我善意地對他說。

「嘿嘿！危險？我駱鐵頭就不知道什麼叫做危險？」他把肩一聳，眼睛一翻，做出一個目空一切的樣子來。隨後又在我腿上重重地一拍：「對不起，我先走了。」

他兩腿一夾，那頭黑馬嘶的一聲向前直衝出去，轉眼之間就不見了。

「怪人。」我自言自語地笑着。

「他就愛一個人這麼橫衝直撞的。」商大祥說。

森林裡面的蝙蝠吱吱地飛着，蚊蚋嗡嗡地叫着，這類的東西簡直多得嚇人，有時會碰在臉上身上。我們在黑夜中走了一個多鐘點還沒有到達中繼站，肚子餓，口又渴，我心裡不免有點焦急煩躁。

「大概什麼時候可以到？」我問商大祥。

「快了。」他說。

商大祥的話剛說完，駱鐵頭就在前面「咕——咕——」地呼嘯着。商大祥聽了高興得很，他馬上回答幾聲，同時催促我們快點走，他說中繼站快到了。

我們走了一會兒就看見駱鐵頭的手電光亮，走到駱鐵頭身邊時又看見前面有火把搖動，駱鐵頭告訴我有火把的地方就是中繼站了。

中繼站是個茅棚，設在山腰上，旁邊還有兩家白夷土人。我們剛一走到就看見一個三十左右的人持着火把在門口歡迎，這人的臉色黃得很，但眼睛却漆黑有神，看樣子很精明能幹。

駱鐵頭和商大祥儌捷地跳下了馬背，我和土人也從象背象頸上爬下來。駱鐵頭商大祥把馬拴好，抱了一把新割的青草餵牠們。土人解下象背上的搖籃之後就把牠趕往森林中去吃樹葉青草，我怕牠跑掉，商大祥說象最忠實溫馴，牠吃飽了就會自己回來，用不着担心。

走進茅棚我就先喝開水，水是澗裡的，有濃重的鹼味，我勉强地喝了兩盌。隨後中繼站的那位負責人又端來一鍋糯米飯，沒有筷子，沒有菜，只有一勺粗鹽。駱鐵頭馬上用手抓了一大把糯米飯捻成一個糰子，直往嘴裡塞，吃了幾口又撮幾粒粗鹽放進嘴裡去，商大祥和土人也照樣地吃，樣子非常自然。我肚子雖然很餓，但對這種吃法還不大習慣，所以不免有點遲疑。

駱鐵頭看見我遲遲不動手，他馬上捻一個很大的糰子往我手上一塞：

「吃吧，這比芭蕉心好吃多了。」

這還有什麼話好說呢？我只好同他們一樣吃，不過沒有他們吃得快，我吃一口必須同時放進幾粒鹽才能嚥下去。吃完了一個我就倒了胃口，但是駱鐵頭已經吃了五六個了。他吃完之後就在褲子上揩揩手，然後伸一個懶腰就往光光的木板床上一躺，木板馬上吱吱呀呀地響了起來。

鐵頭很快地睡着了，衣服沒有脫，槍和子彈也沒有解下來。我怕他着涼，而且這樣睡覺也不舒服，我建議商大祥把他的子彈槍枝解下來，再蓋點什麼到他身上去。但商大祥說他的槍枝子彈別人碰都碰不得，一觸着它他就會拔出槍來一下把你打死的。剛才我已經領教過他的槍法，知道他確是一個好手。不過現在他睡着了，替他解下來該沒有什麼關係吧？因此我向商大祥說：

「他睡着了，不要緊。」

「哼，你別看他睡着了，要是誰碰了他一根毛他就會馬上跳起來的。」商大祥說。

「他有這樣機警嗎？」我有點不相信。

「可不是？」商大祥說得那麼自然。

「那你替他蓋點什麼好了，免得着涼。」我說。

「不必，他一向這樣睡慣了的。」商大祥搖搖頭。

我看駱鐵頭的樣子的確睡得很好，他側着身子，兩腿微微地彎曲着，兩手仍然扶着槍，右耳貼在木板上，在火炬的照耀下可以看出他獷黑粗糙的臉上有一絲輕蔑的笑容。醒着時他是那幅生龍活虎的樣子，現在睡着了又這樣恬靜安詳，沒有一點壓戀，我心裡對他自然產生一種敬意，同時又有一種好奇心理，我很想探索一下他的身世。

我先拐彎抹角地和商大祥天上地下地胡聊一陣，慢慢地就轉到駱鐵頭身上來。商大祥知道我們是自己人，他也毫不隱諱地把他所知道的都說了出來。

據商大祥說駱中興沒有唸過多少書，他家裡很窮，初小畢業後就一個人跑到昆明去謀生活，先是在商店裡當學徒，這是他父親的意思，他自已很不願幹這種工作。十七歲那年他父親母親先後去世，他又沒有兄弟姊妹，他索性投到保安團去當兵。因爲他唸過幾年書，認識一些字，人又豪爽勇敢，所以不到一年工夫他就升到上士班長，十九歲那年他就升到少尉分隊長了。在任分隊長的時候他和土匪打仗曾經立了幾次戰功，上級也很賞識他。但在二十歲這年就出了亂子。他這一中隊本來是派出去剿匪的，但是他的中隊長却趁機販賣鴉片，勒索商旅的金錢，搶刼老百姓的東西，還强姦了好幾個婦女，他實在看不慣，在一天深夜就把中隊長槍殺掉，率領了二十幾位弟兄上山去了。在龍雲盧漢時代他一直過着山林生活，專門打擊豪强土劣，救濟貧苦，他曾經幹過幾次大血案，所以龍雲盧漢都罵他是土匪，並且派兵搜剿過好幾次，但始終逮不着他，因爲他能得到老百姓的掩護，駱鐵頭這個綽號就是滇西南一帶老百姓給他取的。盧漢叛變雲南變色後，共產黨最初很想利用他，而且派人遊說他，因爲這時他已經很有一點力量了，而最大的力量是他在民間的威信。當時他雖然沒有被陳賡說過去，但他答應不和「人民政府」作對。後來共產黨越鬧越不像話了，老百姓比龍雲盧漢時代還要痛苦十倍，因此有很多人向他哭訴，希望他能保護家鄉，保護他們。終於有一次他的部下被陳賡出其不意地消滅了兩百多人，這傷了他的心，他和陳部結結實實地打了一次硬仗，雙方犧牲都很大，他的耳朵就是在那次打穿的。經過這一仗之後他就帶領了兩百多弟兄撤退到滇緬邊區來，不時向共產黨作零星的突擊。老長官汪漢淸發現了他這支反共武力，就派人和他接洽，希望他能參加反共陣營，他慨然應允，老長官就給他一個突擊隊長的名義。由於他表現得非常好，老長官對他特別賞識。

這眞是一個了不起的脚色，我又不自禁地望了他一眼。他身體還是沒有動，臉上仍然掛着一絲輕蔑的笑容。

「那[redacted]你又爲什麼來打游擊呢？」我回過頭來問商大祥。

「家被共[redacted]毀了，生意做不成了，不打游擊還有什麼好幹？」商大祥微微地垂下頭來。

外面的月色很好，因爲這是山腰裡的一個小盆地，茅棚周圍的樹木已經砍了不少，因此月光瀉滿了一地，像銀粉雪霜一樣潔白。我的心事重重，我很想到外面去散散步，商大祥却阻止我不讓我去，他說這正是野獸出來找食的時候，一個人在外面散步是非常危險的，我略一沉思，果然聽見虎嘯猿啼和狼嗥的聲音，此起彼應，連貓頭鷹也在樹上嚶嚶地叫着，我才恍然大悟這不是人的世界，而是野獸的世界了。

送我來的土人也倒在木板床上睡着了。負責中繼站的那位[redacted]正躺在木板床上發燒，我這才知道他的臉色爲什麼會那麼黃？原來他正害瘧疾。我連忙從圖囊裡拿出幾顆奎寧給他吃，他吃之後不久就迷迷糊糊地睡着了。

商大祥也躺在木板床上睡了，大家都睡了，我一個人坐着太寂寞，火炬已經燃到盡頭了，我趁着火炬的一點餘光和衣躺上光光的木板床，只取了一條毯子蓋在身上，不久我也迷迷糊糊地睡着了，而且做了一個夢。

我夢見自己仍然在台北，和朋友們在華燈初上的衡陽路上漫步，那光怪陸離的百貨商店，霓虹燈像頑皮的少女的眼睛那麼閃亮着，一九五〇年的新轎車在街心[illegible]地急駛而過，漂亮的女郎挽着西裝革履的[illegible]紳士的臂膀輕盈地蹓着，甜蜜的笑着，收音機裡正播送着輕音樂，令人有飄飄欲仙之感。

「健生，台北多好，你何必要跑到雲南去打什麼游擊？」朋友們都這麼勸我。

「是的，台北眞好，我也很愛台北……」

好像我的話還沒有說完就被一陣馬嘶和幾聲槍响突然驚醒，我睜開眼睛一看，在月光照射中我看見駱鐵頭兩手握着槍，在山邊站立着，[illegible]，他的[illegible]正對着[illegible]。

「什麼事？」我握着槍一骨碌地爬起來問。

「沒有什麼，一頭豹子。」駱鐵頭十分平淡地說。

這時其他的人也都醒了，我連忙跳到鐵頭的身邊，[illegible]我看見一頭一百多斤重的金錢豹倒在馬的旁邊抽搐，馬不安地踏着蹄子，鼻子裡呼呼地噴着氣。

「是你打死的？」我盯着駱鐵頭問。

駱鐵頭不看我，他目不轉睛地盯着那頭還在抽搐的豹子，同時把他的大嘴巴動了幾下：

「去睡吧，明天早晨還要趕路。」

第三章 高山峻嶺難行走
糯米團子且充飢

天剛亮，我們都起身了。

[redacted]，那頭金錢豹已經硬綳綳地死了。牠頭上中了一槍，子彈從右耳根射進，左耳根出來，右肩胛骨上也中了一槍，子彈沒有出來。這兩槍正好打中牠的要害，看牠死在馬旁邊的情形可以判斷出牠是來吃馬的，牠沒想到竟死在駱鐵頭的手下。

「你昨天的成績眞好，打死了一虎一豹。」我向駱[redacted]頭[redacted]地說。

「不太好，有一天我打死過三頭老虎兩隻豹子。」他兩手扶着腰間的手槍說。

「你的槍法怎麼這樣準？」我奇怪地望着他。

「這還能有一點差錯？」他把眉毛往上一提。

「現在這隻豹子怎麼辦呢？」我看這是一頭非常漂亮的金錢豹，要是在平地是很値幾個錢的。

「丟掉拉倒。」他像摔掉一雙爛草鞋那麼輕鬆地說。

「不可惜嗎？」

「多的是。」

我和駱鐵頭正談話間，土人的大象拖長着鼻子「苦」，「苦」地走了回來。牠吃得很飽，[redacted]得着的樣子。我走過去拍拍牠的頭，牠高興地用鼻子把我捲了起來，然後又輕輕地放下。

「象眞好。」我靠着象頭向駱鐵頭說。

「我什麼都打，就是不打牠。」駱鐵頭也走過來在象身上拍拍。

象的主人也走了過來，他把搖籃綁在象的背上，駱鐵頭馬上從懷裡掏出昨天未付的五個老盾往他手上一塞，土人向他笑笑，隨即往象頸上一爬，然後又坐到象背上的搖籃裡婁，他先向我們點點頭，再呼嘯一聲，就騎着象朝着我們昨天來的方向回去了。

商大祥揹了一袋糯米，兩大竹筒冷開水，和一口鋁質的圓鍋走了出來。他走到我們面前就把鍋蓋揭開，裡面有十多個糯米糰子，他遞了兩個給我和駱鐵頭，駱鐵頭像忽然想起什麼似的又在鍋裡拿了兩個，然後敏捷地解開馬，身子一縱就跳上了馬背，再把兩腿用力一夾，那頭高大的黑馬馬上得得地向土人去的方向急馳而去。

「他是不是送糯米糰子給土人吃？」我問商大祥。

商大祥點點頭。

五分鐘之後駱鐵頭又騎着黑馬跑了回來，他手上四個糯米糰子不見了。

他一跑到又在商大祥的鍋子裡拿出一個糯米糰子，隨手往嘴裡一塞，同時向我們把手一招，兩腿一夾，又騎着馬向前走了。

商大祥隨即跳上了他的馬，我也跟着跳上了他們早就爲我準備好了的一頭棕色馬，這頭馬的額上和四隻蹄子上都有一兩白花，一看就知道是一頭善於奔馳的好馬，和駱鐵頭那頭黑緞似的馬不相上下，我心裡非常高興，一騎上背我就把韁繩一緊，腿一夾，牠馬上的[illegible]地跑起來，一下子就趕上了駱鐵頭的馬。

一趕上駱鐵頭我就問他為什麼這樣匆匆忙忙趕路。他說今天這段路全是石頭山路，非常難走，中間又沒有一個寨子，現在動身還要到天黑以後才能趕到一個白夷人的小寨子，走完今天這段路還要走四五天才能到司令部。

一會兒駱鐵頭又回過身來向商大祥要糯米糰子，商大祥又遞了兩個糯米糰子給他，自己也拿了兩個吃，駱鐵頭看見我沒有要他又自動地在鍋子裡拿了兩個往我手上一塞：

「快吃，一會兒就要爬石頭山了。」

路上的情形我一點不熟悉，我只好服從他。昨天夜晚我吃了那個糯米糰子到現在胃裡還不舒服，像壓着一塊石頭似的。現在這兩個冷糯米糰子一吃下去胃裡一定更不好受。但是既然來了就必須習慣這種生活，打[illegible]本來不是那麼簡單的事，這[illegible]是最起碼的訓練[illegible]！我是抱着從頭做起的觀念來到這兒的，為了考驗自己，我像在軍校受訓的第一天，端起糙米砂子飯硬着頭皮吃下去的那種心情，開始啃着這兩個冷硬的糯米糰子的。

我第一個糯米糰子只啃了一半，駱鐵頭的兩個糯米糰子早就吃完了。他隨即從屁股後面取下一個竹筒子仰着脖子咕嚕咕嚕地喝了幾口冷開水，然後用袖子在嘴巴上用力一擦，馬上咿咿呀呀地唱了起來。

他除了唱「大路小路都不走」之類的[redacted]游擊歌曲之外，還會唱許多雲南山歌小調，也會唱白夷人的歌謠。白夷人的歌謠我是一句也不懂，還是商大祥翻譯給我聽的。商大祥以前當馬幫時常和白夷人來往，白夷人的語言風俗習慣他完全瞭解，駱鐵頭現在也是一個白夷通了。

駱鐵頭騎在馬背上邊走邊唱，他的長頭髮一晃一晃，我很奇怪，一個大花面似的男子漢怎麼會留這麼長的頭髮？說漂亮嗎？他不洗不梳，頭髮又粗得像豬鬃一樣，而且很髒，說不定裡面還有蝨子哩！

「他為什麼留這麼長的頭髮？」我悄悄地問商大祥。

「他發過誓，不打回昆明不剃頭。」商大祥輕輕地回答。

「真的嗎？」

「他從來不說假話。」

「這可不是三天兩天的事呀？」

「他一下定決心就要幹到底的。」

我又不自覺地瞟了駱鐵頭一眼，他那寬濶的肩膀和硬殭脖子挺起腰幹的神氣彷彿砲彈都轟他不倒似的。

「他真像一塊鐵。」我回過頭來對商大祥說。

「那是過去的事，現在却是一塊鋼了。」商大祥意味深長地說。

「那我們叫他鋼頭不是更好嗎？」我笑着說。

「他還是歡喜鐵頭這個綽號。」商大祥也向我一笑。

「爲什麼？」

「因爲那是老百姓替他取的。」

「現在老百姓知道他在這兒嗎？」

「有的知道。」

「共[redacted]呢？」

「共[redacted]說他打死了。」

「他自己有什麼感想？」

「他在胸脯上刺了駱鐵頭三個大字。」

我和商大祥邊走邊談，駱鐵頭越走越遠，他忽然在前面停住，一聲呼嘯，我和商大祥馬上在馬屁股上打了一鞭，得得地趕上前去，我們一趕上他擡頭就問：

「你們怎麼搞的？想在石頭山上過夜嗎？」

我沒有作聲，商大祥支吾了幾句，駱鐵頭沒有再說什麼，只把手往前一招，腿一夾，他那匹黑馬又往前跑了。

沒走多久我們就開始爬石頭山了。

山很高，上面盡是尖刀似的亂石，山頂被白雲封鎖着，間或露出一個刀鋒似的山峯，不要說爬，瞧也夠險的。抗戰時我也曾帶着部隊爬過不少高山，爲了出奇制勝，常常翻山抄小路去截擊敵人，但從來沒有翻過這樣亂石堆的高山。一開始就很難爬，我看見駱鐵頭把頭伏在馬的脖子上，兩手緊抓着馬鬃，兩腿緊夾着馬肚，兩脚緊踏着馬鐙，一身都在用勁。商大祥照樣做，我也照樣做。爬了不上三里路，馬就累出一身大汗，鼻子裡呼呼地噴着氣，嘴裡噴着白沫，遇到可以站住脚的地方牠就停下來喘氣。不但馬累，我也累出一身大汗，一方面是自己在用力抓緊，一方面是神經有點緊張，萬一從馬上翻下來，那一定會粉身碎骨的。越往前走石鋒越來越高，馬從石縫中艱難地爬進，馬蹄踏在石塊上會噴出一朵朵的火星，而大部份的時間是踏在黃泥漿上，因爲森林裡多雨，泥漿很深，馬的蹄子一陷下去常常半天拔不出來。爬到半山上馬實在不能再騎，駱鐵頭要我們下來走路，我們一跳下馬泥漿就陷過了膝蓋，拔也拔不出來。駱鐵頭和商大祥也陷在泥漿裡艱難地拔着，半天才拔出來。我在駱鐵頭和商大祥的幫助下費了很大的勁才拔出來，但一拔出來血就沿着腿往下流。原來泥漿裡有很多螞蝗，駱鐵頭和商大祥的腿也在流血，而最糟的是這時商大祥忽然發了瘧疾，一步也不能走，躺在大石頭上發冷發燒，他吞了我的奎寧之後就迷迷糊糊地睡着了。我和駱鐵頭也只好坐在石頭上休息，這時我有很多感想在心中起伏，我不怕共產黨，不怕野獸，也不怕吃苦，但是疾病却無法抵禦，我隨身携帶的一點葯品是用不到多久的，以後的醫葯問題怎麼解决呢？不要說在這樣的游擊區裡是不會有多少醫生的，就是有醫生他們也不能白手診病哪！如果得了急症那不是等死嗎？

「你在想什麼？」駱鐵頭看[illegible]我默不作聲他馬上嚴肅地問。

「沒想什麼。」我隨便答應一聲。

「你瞞不過我。」他盯着我的臉上說。

「[redacted]生病的很多吧？」我知道瞞不過他，與其等他盤問我，不如我先問他一下。

「可也不少。」他淡然地回答。

「有什麼辦法嗎？」我問。

「除了打回去還有個屁的辦法！」他兩眼一翻悻悻地說。

「你的話倒不錯，不過這不是一天的事。」我望着他說。

「老子眞恨不得馬上打回去！」他突然拔出槍來向天空拍拍地打了兩槍，拍拍之聲在空氣中尖銳地嘶叫，震盪。

商大祥馬上被這意外的兩槍驚醒，他正在發燥，我摸摸他的腦袋簡直有些燙手。他隨即坐起來揭開竹筒蓋咕嚕咕嚕地喝着冷開水，然後又頹喪地倒下去，大約一小時之後他的燥才退清。於是他一骨碌地爬起來，向我和駱鐵頭說：

「走！」

這樣我們又繼續艱難地爬進，爬了四五個小時才爬上山頂，向下一望頭都有點發暈。

下山也很困難，斜坡太大，馬不能騎，人也容易滑倒，走不多遠就要滑一交，有時我一個人滑倒，有時三個人滑作一團，手上臉上都擦破了，馬也常常一屁股滑坐在泥漿裡，半天站不起來，天黑以後我們才滑下了石頭山。

走了一個多鐘頭的夜路才到達一條㵎水旁邊的小寨，我們這才休息下來。

第四章 邊區民族七八個 糯米團子食多天

這是一個只有三家白夷人的小寨，白夷人看見我們三個人走進來表示非常歡迎。

「大漢，理理理！」男女老幼都這麼說。

商大祥和駱鐵頭都用白夷話和他們交談，彼此顯得很親暱，同時有兩個白夷人走過來把我們的馬去拴好，還代餵飼料。

我一句白夷話都不懂，他們談的時候我只好睜大眼睛望着。

「大漢理理理是什麼意思？」半天我才找着一個機會輕輕地問商大祥。

「軍隊頂好頂好。」商大祥笑着說。

「他們對我們怎麼這樣好？」我奇怪地問。

「因爲我們對他們也一樣好。」商大祥說。

「所有的白夷人都是這樣嗎？」

「是的，所有的游擊隊也是這樣。」

「這可不容易呀！」我幾乎叫了起來。

「是的，但是我們做到了。」商大祥繼續而深沉地說。

我聽了商大祥的話心裡很高興，我帶了上十年兵，我瞭解軍民合作的重要，但是過去我們就沒有做得十分好，現在在這個邊區打游擊，和土人的合作尤其是重要。

「邊區裡除了白夷人之外還有些什麼民族？」我問。

「還有阿卡族，卡瓦族，傜家，倮倮，擺族，山頭族，里梭族……」商大祥扳着指頭一個一個地數，一面數一面說：「不過和我們接觸最多，文化水準較高的還是白夷人。」

「喂，進來，進來。」駱鐵頭在一家白夷人的茅棚裡面向我們呼喚着，他和白夷人先進去了。

我和商大祥走進去時駱鐵頭已經坐在火池旁邊喝開水，他對我用手往小椅上一指，我就在他旁邊坐下了。

我和商大祥坐下之後一個十五六歲的白夷少女送來兩盌開水，隨後又送來一竹筐糯米糰子，駱鐵頭向他講了幾句白夷話就拿起一個糰子往嘴裡一塞，他的嘴巴大，一個糰子兩口就吃光了。

從清早到現在隔了十幾小時沒有吃東西，我的肚子也很餓，我自動地拿了一個糰子吃。奇怪，這次的味道好像又香又甜，我一連吃了四個，駱鐵頭卻吃了八九個，他看見我吃得津津有味也很高興。

「怎樣？這東西不錯吧？」他向我揶揄地說。

「很好，很好。」我連忙點頭，在這兒也實在沒有再好的東西吃。

「要到這裡來打游擊第一要能吃苦，第二要有胆量，第三還要能打兩手好槍。」駱鐵頭爽直得近乎挑釁地對我說。

「我是軍校出身的，我打了上十年的仗。」我也坦率地說。在駱鐵頭這種人面前我決不示弱，因爲一示弱就會被他瞧不起的。

「在這裡就不管什麽軍校不軍校，你們那種打法我早就領教過了。」駱鐵頭用手肘在我身上用力一碰，嘿嘿地笑了起來。他顯然有點瞧不起我這種學校出身的軍人。他這種缺乏教養的舉動使我心裡有點冒火，要不是在白夷人的家裡我一定要給點顏色給他看。商大祥看見我心裡有點不高興馬上用別的話來打岔。

「你結過婚沒有？」他向我笑着說。

「沒有。」我老實告訴他。

「你看這位露英怎樣？」他向那位白夷女郎呶呶嘴。

「你開玩笑，」我笑着說。「白夷女郎肯嫁漢人嗎？」

「像你這樣的漢人她們是求之不得的。」商大祥望望我又望望那位白夷女郎。

那位白夷女郎雖然談不上漂亮，樣子却非常溫柔善良。她上身穿着一件短袖白掛，下身穿着一條黑布裙子，身體發育得還好，看外表很像一個大人了。

「那你爲什麽不娶一個？」我反問他。

「我早結過婚了，家仇還沒有報哩！」商大祥有點黯然。

「他愛白夷女人嗎？」我掠了駱鐵頭一眼。

「他瞧不起女人。」商大祥說。

「我討厭女人。」駱鐵頭大聲地更正。

「爲什麼？」我睜着眼睛望着他。

「誰願意跟她媽的婆婆媽媽！」他把嘴巴一撇，眼睛一翻，輕蔑地說。

白夷人不大瞭解我們談話的意思，他們一面嚼着檳榔煙葉石灰和黃土，一面望着我們笑。我看見他們嘴裡又髒又黑的樣子心裡眞有點作嘔。

「他們爲什麼要吃這些東西？」我輕輕地問商大祥。

「據他們說這些東西可以抵抗瘴氣疾病。」商大祥輕輕地向我解釋。

接着他還告訴我一些白夷人的風俗習慣。他說白夷人過的是一種日出而作日入而息的自由生活，沒有誰干涉誰，雖然他們也有老憲（鄉長），老叭（區長），和昭孖（縣長）這種頭人制度，但他們從來不干涉人民的自由，除了「殺人者死」以外再也沒有別的法律。强盜賊在這兒是不存在的，路上掉了東西自己回去一定可以找到，他們的門是爲了防備野獸而不是防備小偷的。他們愛好和平，沒有爭鬥，他們信佛，嚴禁殺生，男人們攜帶鋼刀弓箭也純粹是爲了防備野獸的襲擊，不到萬不得已時他們也決不隨便殺害一條生命，女人更是看見血就害怕，看見別人殺雞她們都會馬上偏過頭去。自然他們也很迷信，生了病除了「拜佛」以外就只用土法治療，死了人就請老僧來誦經，連舊的房屋也不要，一定要重新去建造一個。另外他們還愛紋身，愛在腹部臂膀上刺着毒蛇猛獸的花紋。他們的婚姻倒是頂自由的，所以沒有我們文明社會的所謂男女糾紛。白夷女郎到了十五六歲就可以和自己喜愛的男人結婚，沒有任何人可以干涉她們。一對夫妻從結婚一直到老死都不會吵架，如果吵了一次架那就等於宣佈離婚。她們除了嫁給白夷男人之外最喜歡的就是漢人，她們如果能和漢人結婚那是引以爲榮的。

「所以我勸你將來還是討一個露英，保證她不會和你吵嘴的。」商大祥笑着說。

「我是來打游擊的，不是來討老婆的。」我也笑着說。在台北有那麼多的漂亮小姐我都沒有愛上一個，我還會愛上白夷女郎嗎？卽以這位白夷女郎來說吧，她右臂上就刺了一條蛇，這是多麼刺眼的事。

「你也和鐵頭一樣不愛女人嗎？」商大祥不信任地望着我。

「話不是這麼說，不過現在我還沒有想到女人身上來。」我覺得商大祥這句話很難答覆。說我不愛女人嗎？這話又說不出口，聰明漂亮的女人我是很喜愛的；說我愛女人嗎？此時此地我實在沒有這種心思。所以我只好這樣措詞。

我們的談話駱鐵頭連聽也不聽，他只和白夷人說笑，他的聲音特別洪亮，閒談時也是大聲大氣的，笑的時候總是嘿嘿地大笑，白夷人看見他笑他們，也開心地笑，如果他一沉下臉白夷人也不作聲了。

「駱鐵頭這傢伙眞有點魔力。」我心裡這樣想。

他和白夷人談些什麼我不知道，不過據商大祥告訴我他和白夷人是無所不談，從打共[redacted]到打老虎，從糯米的收成到白夷人的結婚，誦經，紋身，他都談，他還問這幾天附近有沒有老虎？上次他們走這兒經過時他就打死了一隻，白夷人很佩服他的槍法和勇敢，他也常常替白夷人解決困難，所以這一帶的白夷人都很信賴他。

白夷人一面和他談話一面又替我們三個人貴好明天在路上吃的糯米飯，還將駱鐵頭和商大祥的竹筒灌滿了開水，這時我才注意到他們的竹筒上刻了兩行字，[redacted]「飲水思源」。

白夷人替我們把一切預備好之後又招待我們去睡。他們一家男女老幼都是睡在一個房間裡的，只用蚊帳和舖蓋來劃分界線，我們三個人被招待在一個蚊帳裡，這是他們特別讓出來的。

他們這種睡法我不大習慣，一對青年夫婦就睡在我們旁邊，我感覺有點拘束，但他們却坦然無事。駱鐵頭是一躺下去就睡着了。商大祥一會兒也睡着了。我睡了半天還是睡不着，雖然今夜睡得比昨夜舒服得多。

那對青年夫婦上床時還喁喁私語，不久也睡着了，他們那種甜蜜親愛的樣子實在不亞於我們文明社會的青年夫婦，而他們那種輕言細語相敬如賓的修養又實在是我們這些文明人所不及的。

我因爲睡不着，在床上不免有點翻來覆去，一個不小心碰了駱鐵頭一下，他馬上教訓我一句：

「我看你連睡覺也還要[redacted]受訓練[redacted]！」

我沒有回答他，我心裡想，將來有機會我一定要在他面前露兩手，不然他會看扁我的。

第五章 賢上司謙虛有禮 張佩芷夔翔大方

我們繼續走了四五天森林小徑才到達縱隊司令部。

老長官汪漢淸一看見我就握着手半天說不出話來，眼淚像是夏天的溪流在他眼睛裡氾濫着，兩年不見而他瘦了很多，臉色黃得像蠟片一樣，兩鬢的白髮彷彿十月早晨的繁霜，過去他的身體很好，我最後離開他時他還沒有一根白髮，兩年來的游擊生活竟使他變成這個樣子，我也不禁泫然淚下。

「大隊長是太辛苦了。」我很困難地說出這句話來。他是我在軍校受訓時的大隊長，不管他是當團長，旅長，司令，我總是這樣稱呼他，他也高興我這樣喊他。

「健生，苦是壓不倒我的，只是國仇家恨太深了！」他用那破得稀爛的袖子擦擦眼淚低沉地說。

是的，他是五十多歲的人了，他打了二三十年的仗，從來沒有像三十八年那樣挫敗過，他是一個好强的人，他認爲這是他一生的奇恥大辱。他化了二十多年的心血慢慢地建立起來的那個融融樂樂的家庭也在這次大陸變色中毀了，完全毀了！太太鬥爭死了，兒女活埋了，一家人全死了，這眞是一件最傷心的事。不但他傷心，我也傷心，他的太太，他的兒女和我都處得非常好，簡直把我當作家人一樣，現在一個也不存在了，只剩下他自己孤零零地在這原始森林中奮鬥着，他的痛苦寂寞是可以想見的。如果不是爲了這種關係我也決不會到這兒的，因爲隨便在什麼地方也比在這兒好。

「慢慢地我們總要消滅那班傢伙的，我起誓說。」

「我要你來就是這個意思。」他抹抹眼淚說。

「現在我們的力量怎樣？」

「[redacted]游擊隊的力量是在一天天增長。」他慢慢地興奮起來，他的眼睛開始閃爍着一種逼人的光芒。「就以我這一部份來說吧，[redacted]我從佛海撤退到大其力時，部下只剩兩百多人，經過這一年多的[redacted]發展，現在已經擴充到兩千多人了。」

「這些兵源是怎樣來的？」我接着問。

「從四面八方來的。」他嘴角泛起一絲微笑。「現在除了[redacted]邊區的土司、馬幫、白夷、阿卡族、卡瓦族、傜家、倮倮……早已和我們打成一片了，滇西南各縣的老百姓天天都有人翻過山來參加我們的行列，兵源是[redacted]不成問題的。」

「這些人都可靠嗎？」我有點懷疑。

「一年前我還不敢說這個話，現在我敢說他們很可靠，比我們過去帶的部隊可靠得多，這完全是共[redacted]幫我們的忙，[redacted]。」他說話時自己的眼睛也紅了。

「這樣說來，他們[redacted]是[redacted]爲了報仇嗎？」

「對，百分之九十九的人都是如此，他們用不着你講什麼[redacted]理論，每一個人都有血的教訓。」

「他們很單純。」我說。

「對，老百姓就是這樣單純。」他點點頭。

「他們除了報仇以外似乎還應該有一點認識。」我有這種感覺，我馬上說了出來。

「這就是我們的事，也是我要你來的原因。」他在房間裡踱了一圈，然後又站到我的面前鄭重地說：「不過我們不必和他們談理論，他們不愛聽，我們要以行動來教育他們，影響他們。」

「最近有什麼行動？」我忽然轉變話題。

「天天都有行動，每天總要幹掉幾個匪軍。」他向我走近一步，壓低嗓門說：「你來得正好，也許不久我們就有一次大的[redacted]行動。」

「一切都準備好了嗎？」[redacted]。

「大家都在積極準備，總指揮在一次會報中曾有一個暗示。」

他一面回答我，一面又走向一幅滇緬邊區的掛圖旁邊去，我也跟着走了過去。

這是一幅非常詳細的軍事地圖，滇西南十幾縣都赫然在上，連每一個村莊，每一座橋樑，每一條小河，每一座碉堡，都有詳細的記載和說明。他從車里用手劃了一道弧綫，一直劃過倮山騰衝，然後激昂地說：

「滇西南十幾個縣，每一個縣都是我們的[redacted]目標。」

「假使日軍發動攻勢，我們有沒有把握把他們拿下來。」我問。

「這就要看我們的準備工作做得怎樣？平常我們要拿下三兩個縣是隨時都可以做到的。」他略一沉吟之後又十分自信地說。

「這十幾縣都有我們的人嗎？」

「經常有，每一縣，甚至每一個村鎮都有。」他點點頭又接着說：「現在路鐵頭手下就有十幾個小組分佈在這些地方。」

「大隊長覺得路鐵頭這個人怎樣？」我順便問他一句。

他首先向我一笑，然後興奮地說。

「這人眞是一條硬漢，耿直，豪爽，在外表上看很像一個惡人，但是他的本性倒頂忠良。如果你同他鬧翻了，不管你是什麼人他都會同你拚，一翻眼睛就殺人，泰山壓下來他也不在乎。如果你和他服服貼貼相見，你又確實比他行，他就會死心塌地的聽你的調度指揮，即使前面是火坑他也會跳下去。他這個人就是要有人好好地領導。」

「可惜少受了一點教育，不然倒是一個太好的棟樑。」我惋惜地說。

「儘管如此，這件工作我倒想放在你的肩上。」他向我走近一步，非常誠懇地說。

「恐怕他不會聽我的。」我婉轉地說。我知道這工作的困難，路鐵頭已經有點瞧不起我的樣子，他怎麼會聽我的呢？

「教育他，慢慢地教育他。」他重複地說：「我們要珍惜這個人材。」

「如果大隊長一定要我担任這個工作那我也只好勉爲其難。[redacted]「不過我想請示大隊長究竟應該怎樣入手？」

「健生，」我本來很需要你在我身邊，你可以幫我很多的忙，但是我幾經考慮之後，我還是決定讓你和駱鐵頭在一塊，這樣一方面你可以教育他，一方面你也可以熟悉滇西南一帶的情形，將來對你大有幫助。這次我派他去接你一方面是保護你，一方面是使你們先有一個認識。不過——」說到這兒他遲疑了一下，先看看我的臉色，然後婉轉地說：「我想請你當他的副隊長你自己覺得是否太委曲？」

「我到這兒來不是作官，如果大隊長認爲適宜，我自然應該接受命令。」我誠懇地說。

「健生，你這種態度我很高興，」他的右手搭在我的肩上慈祥地說：「今天我們都不是爲了個人。」

「是的，有誰是爲了個人呢？爲了個人誰會在這兒吃苦，和共產黨，野獸，疾病糾纏嗎？

「大隊長還有什麼指示嗎？」過了一會兒我跟着他問。

他先把搭在我肩上的手放了下來，然後對我說：

「沒有什麼，現在我想介紹你和副司令見見面。」

我先問他副司令是怎樣的人？他告訴我說副司令是瀾滄的土司，他叫石中玉，倮族人，今年三十九歲，他是上海復旦大學的畢業生，共[redacted]來後曾强廹調他到昆明受訓，回瀾滄後他不但不替共[redacted]工命，反而帶領了一百多青年子弟到山邊來打游擊，上面本來要他担任縱隊司令，但他堅辭不肯接受，他說他不是軍人，司令應該由軍人出任，他只肯担任副司令，以備咨詢。像他這樣的人是自覺的反共鬥士，不為名，不為利，實在難得，而且他對於今後邊區少數民族還有一個整套的工作計劃，這個計劃已經呈上去了，無論是現在的反共鬥爭，和將來的收復雲南建設雲南，他這套計劃都很有價值。

聽了老長官這段話後我很高興，我立刻跟他去見石副司令。

石副司令的確是一個很有見識而又謙虛刻苦的人，講話總是不徐不急，很有條理，個子矮小，但精力充沛，兩眼神采奕奕，一看就知道他很有決心和毅力，是個不貪功，不妄動的難得的上司。

辭別了石副司令之後我就一個人出來溜躂溜躂。

外面的月色很好，它那皎潔的清輝照在山谷中的小盆地上使人有一種清涼的感覺。

這兒是一個大寨，有二十來戶白夷人家，房屋都建築在瀾水旁邊，一律是茅草棚，看上去倒還整潔。瀾水從茅棚旁邊淙淙地流過，聽來別有一種韻味。

司令部是蓋在一個山坡上的。它前面是個操坪，後面是一片深山密林，兩旁有十幾棟茅棚，一部份游擊隊員就住在裡面，其餘的是分散在附近山區各處駐紮着。

走出司令部我就向後面的山林走去，由於月光的照射，樹葉子彷彿也顯得有點蒼白，地上的影子也有點錯亂，天上沒有一片雲，太空顯得蔚藍而高遠，因爲沒有一絲風，樹林裡也顯得格外寧靜，我踏在地上的枯樹枝葉上就聽見一種吃喳的響聲。

見了老長官和石副司令之後，我很感動也很興奮。我一面在樹林中踽踽獨行，一面想他們這些人在山區裡面受苦受難，却沒有一點抱怨的聲音，也沒有想到怎樣升官，怎樣發財。一切功名利祿的觀念完全沒有，他們只有一個想法，就是怎樣打回去，怎樣消滅共匪。如果說世界上眞有聖人，那他們這些人都是聖人和苦行僧，他們像月亮一樣的皎潔，天空一樣地清明。在台北一般人的生活不能說太壞，但他們總覺得自己不如人，兩相比較之下我自己也覺得慚愧。在台北我的生活不算好，但和這兒的游擊戰士一比，就如天上人間那麼懸殊了。不到這兒就不會想到這些人，因爲他們自己不作聲，所以外面很少有人知道他們的實際情形。

我在樹林中走着想着，望望月亮，又聽聽自己的脚步聲音，我有一種很複雜的感情。總之，從今以後我是要和這些游擊戰士們同生死共患難了。

我再向前走不多遠就望見一個哨兵在月光底下嚴肅地站着，看樣子他很年輕。我再定睛一看，發現他兩隻脚上沒有穿鞋，衣服破破爛爛，屁股也露在外面。我本來想回轉身不走上去，但他機警得很，馬上發現了我，我只好走上前去，我想和他談談。他看着我走近馬上立正，同時臉上有一種忸怩不安的樣子，他一看見我的手槍就知道我的身份了。

我告訴他我是從台灣來參加他們打游擊的，他聽了馬上興奮起來，不再像先前那樣拘謹了。他先向我問長問短，問台灣離這兒到底有多遠之類的話，我把我知道的都告訴了他。

「在這兒打游擊你覺得辛苦嗎？」我問他。

「辛苦不能說不辛苦，不過總比被共產黨鬥爭好得多。」他說。

「你府上什麼地方？」

「耿馬。」

「你到這兒來多久了？」

「快一年了。」

「想家嗎？」

「我眞恨不得馬上打回去。」他望着山那邊說。

我安慰了他幾句又和他談談別的問題。他告訴我說初來這兒時吃了好幾天芭蕉心，人沒有一點力氣。附近的老虎豹子也多得很，哨兵常常被牠們吃掉，第二天清早只看見一條槍和兩件破衣服以及斷手殘肢。

「現在怎樣？」我問他。

「現在好多了。」他愉快地說。

「什麼原因呢？」

「因爲附近的樹木砍掉很多，我們又常常到山裡去打，有也不大敢走近來。」

「你歡喜打獵嗎？」我笑著問。因爲聽見遠處有咕咕的猿啼聲。

「比較起來我還是歡喜打共產黨。」他沉吟一下之後才回答。

看樣子他頂多不過二十歲，要不是共產黨破壞了他的家庭，他也還在上學呢？

我和他分別之後繼續向前面的樹林裡行走，走了十來步他忽然提醒我：

「官長，小心前面有老虎。」

我笑著向他拍拍腰間的手槍，他也向我會心地一笑，樣子是那麼可愛那麼天真。

我在樹林裡漫無目標地踱著，天上沒有一片雲，月色又是這樣的好，看它的形狀大約是陰曆十三日，山區裡面沒有日曆，在森林裡走了幾天我也有些糊塗了。

要是在平時，這種月色該是多麼富有詩意？就以台北來說吧，在植物園裡，在淡水河邊，在這樣好的月色下，該有多少青年情侶挽手攬腰，欵欵而行呢？可是在這兒只有那麼年輕的哨兵在月光下戲艄地站著，我也是孤零零的一個人在樹林裡漫步，我心裡沒有一點羅曼蒂克的情調，只有許多抹不掉的沉重的心思。假使我們不能打回去，那就只好老死莽林了。

殺！殺！殺！殺共匪！

殺！殺！殺！殺共匪！

我正低頭沉思時忽然傳來這種悽厲的聲音，初聽之下令人有點毛骨悚然。當我聚精會神地注意這聲音的來源時忽然發現前面五六十公尺遠的一棵大樹下有一個人在用白夷的古刀在石頭上用力地砍着，砍一下叫一聲，砍得石頭上火星亂噴。我慢慢地走過去，發現他是一個蓬頭散髮的三十多歲的男人。我走到離他大約十公尺遠的地方就停住不動，我怕他一時失去理性，鬧出人命。當我剛一停住時他就發現了我，他只用眼睛向我一橫，就像一隻角鬥中的公牛的眼睛。我怕他衝過來，我悄悄地靠到一棵大樹旁邊，這樣在必要時我可以閃避，不到萬不得已時我是決不開槍的。但是他並沒有衝過來，他還是繼續砍石頭，繼續喊叫：

「殺！殺！殺！殺[redacted]回家！」

看了幾分鐘他還是砍殺不停，我只好悄悄地退回來。在這種情形中我不能上前勸解，他一定是沒有辦法才到深山裡來發洩的，砍砍殺殺之後他心裡或許會好過一點的。

我不敢循原路退回來，我怕再看見那年輕的哨兵的光屁股，我心裡從來沒有現在這樣難過，在台灣我是做夢也想不到會有這種事情的。

當我從另外一條小路回到司令部時我發現前面的操坪上有一堆小孩子和女人圍成一個圓圈坐在地上唱歌，一個年輕的女人站在中間教唱[redacted]的白夷歌詞，[redacted]

打回去呀殺共黨
報家仇呀回家鄉
一枝槍來一條命
爬過山來爬過嶺

我不自覺地循着歌聲向他們走去。當他們發現我這個陌生人時忽然停住不唱。商大祥馬上從地上跳了起來，跑過來和我招呼。

「你怎麼也和女人小孩兒攪在一塊？」我笑着問他。

「月亮太好了，睡不着覺，出來和他們玩玩。」他也笑着回答。

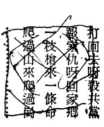

正在商大祥和我談話時我忽然發現兩對亮晶晶的眸子在注視我，那是兩個少女的眼睛。商大祥也覺察到了，因此他馬上替我們介紹：

「這位是張佩芷小姐，政工隊長。」他指着那窈窕而不纖弱的少女說。同時又指着我向她介紹：「這位是江健生同志，從台灣來的，今天剛到。」

商大祥一介紹完畢，她就馬上伸過手來和我緊緊地一握，她這樣爽朗大方不免使我暗暗吃驚，山區裡怎麼會有這樣的女性？在月光之下我畧一察視發現她實在是一位少見的美人。修長的眉毛，雪白的牙齒，一對會說話的眼睛，就是扳起面孔來也很動人。初看上去很嫵媚，仔細一辨認又會發現她隱藏着一種剛毅豪放好强的個性，那兩片薄薄的紅紅的嘴唇正掛着一絲揶揄的微笑。

她和我握過手之後商大祥又介紹另一位少女和我認識，也就是先前和張佩芷同時注視我的那位少女。

我一落眼就知道她是白夷人。她沒有張佩芷那樣大方，却另有一種吸引人的力量，她溫柔得像一頭小綿羊，又有點默默含羞，她比張佩芷矮小一點，年齡也比張佩芷輕，看上去大約十七八歲。

「這是朗英小姐，老叭的千金。」

當商大祥向我這樣介紹時我向她微微一鞠躬，她却羞澀地低下頭去。

張佩芷馬上看看她又看看我，嘴角上又浮起一絲揶揄的微笑。

其他的都是十二三歲的男女孩子，漢人白夷都有，商大祥沒有向我介紹，他們却天眞地向我微笑。

「江同志過得慣我們這兒的生活嗎？」張佩芷忽然挑釁地望了我一眼，她的國語說得漂亮極了。

「張小姐過得慣我還過不慣嗎？」我看得出來她有點和駱鐵頭一樣不大瞧得起人，我馬上反擊她一下。

她沒有想到我會這樣頂她，嬌嗔地瞪了我一眼，然後又加上一句：

「要經得起時間的攷驗囉！」

「放在火爐裡都不會熔化的。」我滿不在乎地說。

她聽見我這樣說馬上哈哈地笑起來，聲音淸脆動人。

「張小姐爲什麼發笑？」我笑着問她。

「你這人倒不含糊。」她馬上笑着回答。隨後又莊嚴地說：「請你別再小姐小姐的。」

「那麼我怎麼稱呼呢？」她的爽朗簡直使我有點驚奇了。

「在我們這兒的都是同志。」她爽快地說。

「那我叫妳張同志該不會錯吧？」我說。

她笑着點點頭，那種俏皮淘氣的樣子使人又好氣又好笑。

「我還沒有請教張同志的府上那兒呢？」

「保山。」她淸脆地說。「你呢？」

「中國。」我存心戲弄她一下。

她又哈哈地笑起來，然後又止住笑瞪我一眼：「誰不知道你是中國人？」

「那妳又何必問呢？」我笑着說。

「你這人眞沒有禮貌！」她先睜大兩隻眼睛，不到一秒鐘又笑了起來。

「太多的禮貌就是一種虛僞。」我說。

「虛僞？」她望着我一笑。

我點點頭。

「那你很真誠[redacted]？」她翻翻眼睛說。

「不說假話，不裝腔作勢。」我盯着她笑。

「你為什麼這樣看人？」她向我提出抗議，但仍然在笑。

「不太禮貌嗎？」我笑着問。

「嗯。」她俏皮地瞪了我一眼。

我怎樣說好呢？對於她這樣一個毫無顧忌的女性？

「今夜的月色真好。」我只好昂着頭扯野話了。

「因此你睡不着覺了？」她馬上接腔。

「抱歉得很，現在我要去睡覺了。」說着我向她隨便地舉起了一下右手。

「不再看看月亮嗎？」她馬上接腔。

「明天見。」我一面走一面向大家揚揚手。

我看見張佩芷忽然生氣地瞪了我一眼。朗英則向我深深地一瞥，然後又迅速地低下頭去。

商大祥看見我走了他也跟着趕了上來。在路上他告訴我說張佩芷是保山的一個望族，她家裡很有錢，她父親在保山很有地位，她自己也唸過兩年大學，在國內跑過不少地方，也到過密支那和仰光。她是一個獨生女，平日嬌生慣養，共[redacted]來後她父母都鬥爭死了，家產也沒收了，她不在家裡，沒有被[redacted]抓到，這一氣她就跑到游擊區來了。現在什麼苦都能吃，而且還打得一手好槍；朗英呢？是此地一位白夷區長的女兒，唸過很多夷文經典，是白夷的女狀元，漢文的程度也不壞，漢話也講得很好。性情非常溫柔仁慈。

回到司令部後我躺在木板床上很久很久都沒有睡着，想起老長官一片耿耿孤忠和如銀的白髮，石副司令的刻苦謙虛，那年輕哨兵的赤脚光屁股，那中年人砍石頭的悽厲的叫聲，朗英的默默含羞，張佩芷的笑聲和那一對會說話的眼睛，我的心緒真紊亂極了。

我睡在床上望着窗外的月亮的清輝照在地上潔白如銀，聽遠處咕咕的猿聲和唔唔的虎聲，越來越沒有睡意。我數一二三四也沒有用，於是只好靜聽自己的心跳聲，跳，跳，跳，跳個不停……

濃大霧

張佩芷以霧為題　駱鐵鬚用拳挑戰

我不知道昨夜我是什麼時候睡着的，醒來時已不再是月光滿地而是漫山大霧了。

我沒有到過倫敦，我不知道倫敦的大霧是怎樣的情形。不過這兒的霧却比重慶的霧還要濃重得多，那灰濛濛的氣體塞得滿坑滿谷，五尺之外物體都很難看得清楚，那些幾十丈高的樹木這時却無影無踪了，眼前所能看見的只是一片流動的灰色。

霧靄流動着，飄進茅棚裡來了。它像一隻灰色的貓，踏着輕輕的脚步，而又夾着濃重的水份走進我的房間來了。我伸手去抓又抓不着，但却接觸到一種清凉的水份，軍毯上衣服上已經有一層灰濛濛的粟米般大小的水珠了。

我不敢貪睡連忙爬起來。這時外面的操坪上却響起一陣莊嚴肅穆的國歌聲，我馬上立正，等到國歌唱完之後才搶着穿好衣服，我知道他們在升旗了。

我洗漱完畢之後就走到操坪上去。他們正排着在做早操，我不便臨時揷進去，只在旁邊觀看，這時操坪上的霧漸漸稀薄了，操坪上大約有兩三百人，我看見老長官和石副司令正領導大家在一二三四，二二三四地做柔軟體操，駱鐵頭和商大祥都在裡面，連張佩芷也在裡面，我看見她那柔軟的長髮左一擺右一擺怪有趣的，比駱鐵頭那一頭猪鬃似的長髮有趣得多了。在喊「停」的時候她也站直起來，不知怎麼的她忽然看見我了。她先向我一瞪眼隨後又甜蜜地一笑，這一笑簡直使我有點困惑，我故意掉過頭去不看她。

一會兒早操完畢，老長官和石副司令看見我都笑着向我打招呼，我連忙敬了一個禮，並解釋遲起的原因，他們都原諒我初來不大習慣，沒有責備我，談了幾句話就走了。我也想跟着走，但是駱鐵頭和商大祥張佩芷三人都向我走了過來，張佩芷一走到就揶揄地說。

「怎樣？昨夜月色太好了吧？」

「不錯。」我冷冰冰地回答。

「今天早晨的霧如何？」她嘴角又浮起一絲揶揄的微笑。

「不錯。」我故意把眼睛向上一翻把頭一昂。

「不錯！不錯！你是到這裡來看月亮看霧的嗎？」駱鐵頭把眉毛向上一翹，大嘴巴向下一撇，粗聲粗氣地說。

我早就說過駱鐵頭對我這個學校出身的軍人是有點瞧不起的，這四五天來他在路上又沒有看見我有一點軍人的氣概，有時他罵我我都不作聲，一切都聽他指揮支配，因此他越來越瞧不起我，所以他把我交給老長官之後他就避免和我打交道了。今天早晨他看見我起晏了更是一臉的輕視。我本來不願意和他計較什麼長短的，我心裡也很佩服他，但是如果再退讓下去，他更會把我看扁的。尤其是現在在張佩芷面前我更不願意讓別的男人瞧不起我，讓她笑話。因此我也沒有好顏色給他看，我馬上冷冷地回敬一句：

「少管閒事。」

大家都知道他是一翻臉就要殺人的，可是早操時他沒有帶槍，我也是徒手。但他的暴烈性子馬上像野火一樣地燃燒起來，他向我劈面就是一拳，我因爲早有準備，所以他的手一伸出來我就迅速地把頭向右一偏，身子向旁邊一閃，他撲了一個空，我馬上對準他的下顎給他一記猛烈的左鉤拳，他應聲倒下去了，張佩芷馬上尖銳地叫了起來。但駱鐵頭的身體好得很，他並沒有摔暈，馬上跳起來向我撲擊，他的眼睛都血紅了。當他向我打出第二拳時我隨即向左邊一閃，隨手給他一記猛烈的右鉤拳，他又應聲倒下去了，張佩芷又是一聲尖叫，商大祥馬上趕過去扶起他，但他還是氣虎虎地向我撲過來，一點也不示弱。這時司令的副官忽然跑來說司令請他去有重要的事情和他商量，他馬上氣沖沖地和商大祥隨同副官一道走了。

張佩芷看見他們走了馬上跑到我面前來諂媚地說：「我眞想不到你能把他打倒。」

「妳想不到的事兒可多着哩！」我迅速地白了她一眼馬上調轉頭走了。

我走不多遠她馬上追了上來一把拉住我，氣吁吁地笑着說：「你看你這人怎麼這樣沒有禮貌？」

「禮貌？再講禮貌連妳也要看扁我了！」說着我自己也忍不住笑了起來。

「駱隊長瞧不起你嗎？」她十分溫柔地說。兩隻眼睛儘在我臉上打問號。

「我想現在他應該改變觀念了。」我交互地揉揉兩隻拳頭。因爲剛才用力過猛，我們的拳頭也有點痛，我想駱鐵頭一定更吃不消了。

「你怎麼這樣自信？」她馬上向我嫣然一笑。

「我相信它。」我把兩隻拳頭在她面前提了一下。

「看樣子你練過拳擊？」

「也拿過重乙級冠軍。」我自負地說。

「你可知道他的槍法？」她忽然睜大眼睛望着我。

「領教過了。」我無所謂地說。我知道駱鐵頭的槍打得準，但我也頗有幾分自信，我更不願在她面前露出一點怯弱來。

「如果你不能比他打得更準，他是不會服你的。」她深深地望了我一眼，顯得有點担心。

「假如我比他打得更準呢？」我反問她一句。

「那他一定佩服得五體投地。」她笑了，笑得那麼嫵媚。

「他不妒嫉嗎？」我試探一下。

「他不是那種人，他是一匹駿馬，就是看有沒有人能騎？」她連忙代他糾正。

「那我倒希望有機會讓我試試。」我笑着說。

這時老長官的副官又來了，他離我有兩三丈遠就對我說：「江同志，司令有請。」

我向張佩芷揚揚手就跟副官一起去，我不知道究竟是怎麼一回事？也許老長官會責備我太魯莽，不該在操坪上和駱鐵頭打架。也許他另有什麼吩咐？但不管是什麼事，我總是應該見他的。

我一走進他的房間不見駱鐵頭心裡不免有點奇怪，他知道我的意思馬上對我說：

「他剛走，你的事我對他講過了。」

「他講什麼沒有？」我連忙問。

「自然不十分樂意，」他望了我一眼。「尤其是剛才的事，你給了他一個很大的打擊。」

「他是否想報復？」我緊接着問。

「倒不是那個意思。」他向我走近一步婉轉地說：「不過，他想再同你比比手槍。」

「決鬥？」我睜大眼睛說。

「我不容許。」他莊嚴地說。

「那麼他打算怎樣呢？」

「我想了一個不露形跡的辦法，」他說。「我叫他傳令留在這兒的突擊隊員，吃過早飯之後在操坪上舉行射擊測驗，你和他都參加。」

「他同意嗎？」

「非常同意，他就希望在大庭廣衆之中取勝你。」

「假如他眞的勝了呢？」

「那不但不會讓你當副隊長，連隊員也不會讓你幹。」他笑着說。

「假如我勝利了呢？」

「他說願意退讓。」

「他眞有這種君子之風嗎？」

「他最佩服英雄好漢。」

「恐怕我會使大隊長失望。」

「好好地幹，」他說，一面從腰上拔出一枝加拿大造的手槍遞給我：「我這枝槍很好用。」

「我自己有。」我說。

「一枝不夠，他會雙手開槍。」他向我慈祥地一笑。

「我也要雙手開槍嗎？」

「他怎樣你也怎樣。」他拍拍我的肩膀。

我從他手上接過槍，一聲不響馬上退了出來，去拿我自己的槍，然後我又悄悄跑到後面的山林裡去，我走了很遠才停下來，這時山谷的霧還沒有全散，我選擇了幾個明顯的目標，先用右手射了一粒子彈，打中了三十公尺遠的一個小松球，再用左手放了一槍，打中了二十公尺遠的一片樹葉，以後我又用左右手連續打了幾個很小的目標，也都命中了。我心裡高興得很，正在我準備回去時恰巧有兩隻山雉從我前面略略地飛過，我雙手舉槍同時射擊，那兩隻山雉馬上應聲墮地。我簡直高興得跳了起來，因爲我的槍法並沒有生疏，我相信我可以和駱鐵頭比一比。

吃過早飯之後操坪上的霧散了，駱鐵頭就把留在基地的八九十位突擊隊員集合在操坪上，每人都帶了手槍，一條大長櫈子放在操坪中間，上面放了許多鷄蛋、洋燭、子彈殼，旁邊還站了許多觀衆。我和司令副司令一道走上操坪。

張佩芷一眼望見我就知道這是怎麼一回事。他向我擠擠眼睛，似乎是給我一點鼓勵。我向她拍拍腰間的兩枝手槍，算是一種答覆。

我再看看駱鐵頭，發現他的下顎已經青腫，但他還是目空一切地在操坪上踱着大步，指揮這個，指揮那個。那些突擊隊員們個個都對他服從尊敬，我心裡也正暗暗佩服。

司令一走到就簡單地說明這次射擊測驗的意義，同時規定每人打三發子彈，第一槍打鷄蛋，第二槍打洋燭，第三槍打子彈殼，距離都是二十公尺。突擊隊員們依高矮次序成單行地一字排列着。駱鐵頭牽到指示後馬上一聲命令：「開始！」

第一位隊員是一位白夷人，他第一槍正打中鷄蛋的中心，第二槍把一根洋燭攔腰打斷，第三槍把子彈殼打出幾丈遠，這不禁使我暗暗吃驚，但是以後幾十個人除了有幾個沒有打中外，其餘的都和他一樣，這就無怪乎駱鐵頭驕傲了。

看完了這些突擊隊員的射擊，司令的臉上浮起一絲愉快的笑容，同時愛護地望了我一眼。

不知道張佩芷什麼時候悄悄地走到我身邊來了，她用手肘輕輕地碰碰我，輕輕地說：「不要慌。」

駱鐵頭驕傲地瞥了我一眼，隨即大模大樣地走上射擊位置，然後兩手迅速地把槍一舉，拍拍兩槍，洋燭斷了，子彈殼飛了，觀衆馬上鼓掌喝彩歡呼。張佩芷也伸伸舌頭，這對我在心理上的確是一個不小的威脅。他同時打了兩顆子彈，現在只剩下一顆子彈，他大聲地吩咐一位突擊隊員把一根洋燭點燃，再滴下一點燭油黏住，然後迅速地舉起右手，拍的一聲，洋燭熄了，但還是安安穩穩地站着，操坪上馬上爆出一陣歡呼，同時有人把他舉了起來。

老長官轉過身來愛護地望了我一眼，同時向大家宣佈：

「現在我介紹一位新來的江同志，也讓他來參加這次的射擊。」

張佩芷緊緊地握了我一下手，我覺得她的手心很燙，我的心也重重地跳了幾下，但一下子我就鎭定下來。

我剛走出去我就看見駱鐵頭的臉上又現出了那種輕蔑的笑，他兩手叉腰站立着，所有的突擊隊員和觀衆也都投給我一種不信任的眼光。我心裡有點惱火，我吩咐司令的副官去把兩枝洋燭點燃起來，黏緊，彼此間隔一公尺。我這樣吩咐司令的副官本來不大禮貌，但我一惱火也有點目中無人，如果副官這時不聽我的吩咐我馬上會一槍把他打死。不知道他是看司令的面子還是看見我臉上有股殺氣，他乖乖地走上前去而且很快地做好了。

我之所以要把兩隻洋燭同時點燃起來，是因爲駱鐵頭已經點了一隻而且把它打熄了。如果我照他的樣子去做，頂多不過和他一樣，那還不是見不出高低來。現在我這樣做如果同時把兩枝洋燭打熄了那一定會給看的人一個新印象，事實上也要高明一點。剩下的一顆子彈我想再打子彈殼，並且把它移遠十公尺。如果我這個計劃成功了，那麼勝利一定屬於我，不怕駱鐵頭不心服。如果失敗了，那我就丟了槍桿馬上離開游擊區，我就準備這樣孤注一擲。事情已經弄到這種地步，我再也沒有什麼好辦法了。

這時操坪上兩三百對眼睛都注視我。老長官的眼光是愛護和鼓勵。張佩芷的眼光却有一種特殊的魔力，前面即使是火坑，一看見她那種眼光我也會毫不遲疑地跳下去。這時我忽然又發現一對奇異的眼光，那是一種默默的深切的關注，它一碰見我的眼光馬上臉一紅，頭也低下去了，她正是朗英！奇怪，這白夷女郎怎麼也這樣關心我呢？還有商大祥他也望着我，他對我似乎有某種程度的信任，他向我鼓勵地笑笑。他也是一個好槍手呀，他剛才不是把那顆子彈殼打出很遠嗎？我又回頭望望駱鐵頭，他仍然是那麼輕蔑地笑着，由於我不像他那麼迅速地舉槍射擊，他以爲我沒有把握，更顯得輕視起來了。一看見他那種輕蔑的神氣，我的勇氣馬上湧了上來，我先向他撇撇嘴，瞪瞪眼，然後集中全副精力注視那兩枝點燃的洋燭，然後兩手一舉，屏住氣息，同時扣動扳機，拍拍兩聲，兩枝洋燭的火光同時熄滅了。洋燭仍然一絲未動。所有的觀衆都目瞪口呆，駱鐵頭的臉上也立刻變色。我正吩咐副官把機子再移遠十公尺，準備打那顆子彈殼時，忽然發現一隻蒼鷹爲了捕捉一隻小斑鳩，從我右前方四百公尺的高空作四十五度的俯衝，閃電似的急衝下來，我看見牠那種狂妄兇殘的樣子，心裡又有點惱火，便舉起槍來拍的一聲射出了那最後的一顆子彈，牠在空中翻了兩翻，就飄着片片的羽毛栽落到我面前來。這時操坪上忽然爆發出山洪似的歡呼，駱鐵頭跑過來拖住我喃喃地說：

「我讓你，我讓你！！」

我馬上握住他的手拍拍他的肩頭笑着說：

「鐵頭，不必客氣，你能讓我當你的助手我就覺得非常光榮了。」

第七章 早操坪上比槍法 後山空地結金蘭

現在山谷的霧也散了，完全散了，山峯叢林看得非常淸爽，太陽已經爬過東山，懸在高空。大家都說今天是山區裡一個最難得的好晴天哩！

散場後，駱鐵頭，商大祥，張佩芷和我又聚在一塊兒，駱鐵頭還特別向我表示歉意。

「嘿嘿！這次算我駱鐵頭瞎了眼睛，看錯了人。」他嘿嘿地笑着又在我肩膀上用力一拍。

「鐵頭，你沒有看錯，你實在很行哩。」我笑着說。我實在很佩服他，現在我還是得樣。

「嘿！別他媽的官樣文章吧！你這樣說眞比打我兩拳還要難過啦！」他隨手把我一推。

「你們眞叫做不打不相識呀！鐵頭直到今天才碰到一個對手哩！」張佩芷瞟了我一眼。

「這倒是眞的，我駱鐵頭打了他媽的十幾年，今天算是第一次栽筋斗。」他那大嘴巴一張一張地說，隨後又向我一笑：「好傢伙，我服了你。」

「鐵頭，說眞話，我也很佩服你哩！」我握握他的手說。

「嘿嘿！你這樣說我們兩人就結個兄弟吧？」他用力地握着我的手抖了又抖。

「贊成！贊成！」張佩芷和商大祥在旁邊慫慂地說。

「鐵頭，承你不棄我實在很高興哩！」我笑着說。同時又望望商大祥：「那麼你也參加一個吧了」

「我不夠格。」商大祥非常謙虛地說。

「唉，別他媽的忸忸怩怩吧！你也來湊個數兒好了。」駱鐵頭把商大祥向身邊一拉：「從前劉關張三結義，現在我們也來個新三結義好了。」

「妳呢？」我向張佩芷笑着說。

「我們的事兒以後再說吧。」她馬上向我嫣然一笑，彷彿告訴了我一點秘密。

「嘿嘿！他和我們結個什麼嘛了」鐵頭睜大眼睛張開嘴巴大笑着。

「鐵頭，她的事情我們不必過問。」商大祥不愧是個馬幫商人，精明仔細，他用手肘輕輕地碰了鐵頭一下。

駱鐵頭睜大眼睛望望我和張佩芷，忽然背轉身去嘿嘿嘿地狂笑起來。

「鐵頭，你發瘋嗎？」張佩芷也睜着眼睛故意瞪他一眼。

「瘋？嘿嘿嘿！」他迅速地轉過身子，又狂笑起來：「我才不瘋咧！」

「鐵頭，別說這些，我們既然要拜把，總得舉行一個儀式啦。」商大祥說。

「對！」鐵頭用力在商大祥的背上一拍：「你去想辦法好了。」

「要不要買隻公雞和幾柱香呢？」商大祥問。

「等會買三柱香好了，公雞倒不必買，今天天氣好，我們上山去打野雞好了。」鐵頭說。

「我能去嗎？」張佩芷聽說上山去打野雞她高興得很，連忙問。

「怎麼？你也想去嗎？」鐵頭睜着眼睛望着她。

「你們去我自然也去。」張佩芷泰然地說。

「槍呢？」鐵頭望望她的空手。

「我去拿。」她馬上向茅棚跑，她那一頭柔軟的長髮一晃一晃地形成一種可愛的波浪，身子又是那麼輕盈窈窕。一會兒她腰間就束着一排子彈，掛着一枝手槍跑回來了。

於是，駱鐵頭一馬當先，領着我們向深山進發。商大祥跟在他後面，張佩芷又跟在商大祥後面，我一個人走在最後。

「一路上雀鳴鳥噪猿聲咕咕，叢林中霧雖散盡了，水份還是很重，駱鐵頭和張佩芷的長頭髮都沾上了亮晶晶的小水珠，我的衣服也濕了。

「你看我們的生活很有趣嗎？」張佩芷回過頭來向我一笑。

「非常有趣，」我笑着說。「尤其是妳。」

「我——？」她睜大眼睛望着我。

「嗯。」我點點頭。

「爲什麼？」她盯了我一眼。

「因爲妳是女人。」我輕描淡寫地說。

「女人就不能打游擊嗎？」她先把眉一揚，隨後又嫣然一笑。

「那不過是遊戲而已。」我老氣橫秋地說。

「遊戲？和老虎遊戲嗎？和共產黨遊戲嗎？」她白了我一眼。

「都是一樣的。」我笑着說。

「那麼我問你，」她忽然停止脚步問我。「你到這兒來是幹什麼的？」

「在台北生活太膩了。」我故意逗她。

「因此你就到這兒來找點刺激是不是？」她揶揄地說。

「也許是。」我隨便點點頭。

「也——許——是——？」她拖長着每一個字的音節，奇怪地望着我。

「嗯。」我再點點頭。

「你也許是，我可不是。」她忽然將頭一擺，瞪我一眼。

「妳也和駱鐵頭一樣的？」我走近一步問。

「我比他更急。」她爽快地說。

「妳可沒有他那種能耐。」我故意帶點輕視的語氣說。

「我的槍也會打死人的。」她把眉一揚又拍拍腰間的手槍。

「恐怕妳還沒有動手別人的子彈早就飛過來了。」我用眼睛覷他一下。

「眞的？」她的眼睛睜得大大的。

「差不到哪裡。」我冷冷地說。

「看槍！」她閃電似的拔出槍來對準我，眼睛睜得更大了。

「妳想打死我？」我若無其事地望着她。

「不，嚇唬嚇唬你。」她馬上向我甜蜜地一笑，露出一排整齊的牙齒。

這時一隻小黃雀忽然從我們面前唧的一聲飛起，她拍的一槍，小黃雀應聲落地。駱鐵頭和商大祥都回過頭來望了她一眼。

「想不到妳還有這一手！」我點頭讚賞。

「這點看家本領都沒有那還打什麼游擊？」她得意地向我一笑。

「妳眞的歡喜這種生活嗎？」我不相信像她這麼一個女人眞樂意過這種生活。

「你這話是什麼意思？」她歪着頭問。

「我覺得妳更適宜於穿高跟鞋跳森巴舞。」我欣賞着她那窈窕的身材和那珍妮李式的雙腿。

「你的眼光倒不錯，」她向我俏皮地一笑：「我還愛搞戲劇哩！」

「有那麼一點味兒。」我笑着點點頭。

「你的話倒頂有意思。」她盯着我笑。

「人很討厭是不是？」我也盯着她笑。

她不回答我，迅速地轉過身去哈哈地笑起來。

「張隊長，別太開心了，小心老虎囉！」駱鐵頭回過頭來向她瞪了一眼。

「他這人眞討厭，總是那麼硬綳綳的。」她瞪了駱鐵頭一眼又向我一笑。

「他和妳過不去嗎？」我心裡想笑。

「他對誰都是一樣，更瞧不起我們女人。」她眉毛一揚眼睛一瞪。

「連妳在內嗎？」我笑了一聲。

「要不是我還有這一手，」她馬上把槍一揚：「他是不會隨我來的。」

遠處猿聲咕咕，駱鐵頭嘴裡也咕咕地叫。

「他學得很像哩！」我笑著說。

「他學老虎叫更像哩！」她甜美地一笑：「也許他前生就是一頭猛虎。」

「那麼妳該是一朵玫瑰了。」我開她的玩笑。

「別胡扯吧，」他盯了我一眼。「說正經話，上山半天我們還是空手哩！」

「真的，怎麼連兎子也不見一隻？」我也有點奇怪起來。

「這兒是藏龍臥虎的深山大澤，不是那種小東西的世界。」她說着隨即蹦蹦跳跳地追上前去。

我們愈走愈遠，山林愈走愈深。駱鐵頭手裡拿着兩枝槍，隨時都準備射擊，商大祥的食指扣着扳機，張佩芷也不敢怠慢，我也從腰間拔出兩枝槍，開始集中注意力。

在森林裡穿來穿去穿了很久都沒有發現一隻山雉，也沒有發現一頭野獸，只聽見遠處咕咕的猿聲，大概是這東西不傷害人，人也不打牠，所以牠顯得比較多了。

「眞他媽的，野獸平常多得很，專門來找反而找不着了！」駱鐵頭大聲地叱罵着。

駱鐵頭仍然在前面行走，他再三說不打到一點什麼決不回去，否則就先把張佩芷趕下山去。

直到天快黑時我們才在一個山澗邊發現一條似鹿非鹿。似牛非牛的野獸。這東西的聽覺非常靈敏，我們剛一發現牠牠就拔脚狂奔，但沒有跑到一丈遠就在我們四個人的射擊下喪生了。

我們跑近去一看，這東西大約有一百五六十斤，角像鹿角，分枝，但很堅硬；全身的毛又像三四個月的小水牛毛，尾巴却只有四五寸長，很像鹿尾，脚蹄也很像鹿，我們不知道他屬於那一種類，便都叫牠怪物。

駱鐵頭很高興，他摔好槍，彎下身去，握着牠前後兩條腿往頸背上一揹，一點也不顯得吃力。一路來我和駱鐵頭商大祥三人交換地揹着扛着，好容易把牠弄回來。然後駱鐵頭先把牠的頭剁下來，身子交給伙伕弄給弟兄們打牙祭，我們預備月亮上升後再上山去宣誓。

大約九點鐘時，月亮就爬過高山升上來了。商大祥已經向白夷人買了三柱土香，我們三個人悄悄地溜上山去，張佩芷原來也想跟着去，但駱鐵頭堅決反對，好像她一去就會褻瀆天神似的，因此她也只好不去了。

在後山上我們找了一塊比較空曠的地方，駱鐵頭鄭重地把剁下來的獸頭向月亮端正地放着，然後又親自點燃三柱土香，插在地上。

論年齡，駱鐵頭比我大三歲，他今年三十三，我和商大祥同年，但我比他大兩個月，敘過年庚之後，駱鐵頭就首先跪下去朝着月亮拜了三拜，然後望着它發誓：

我駱鐵頭今天誠心誠意和江健生商大祥結拜兄弟，同心合力打共產黨，我駱鐵頭如有半點不忠不實，天誅地滅，五馬分屍！

駱鐵頭宣誓之後，我和商大祥相繼跪下去宣誓。望着那圓得像玉盤一樣的發光體，我們的心地也格外光明皎潔。

第八章 老長官國人任事 張佩芷幗國英雄

我和駱鐵頭商大絆拜把的事老長官大概已有所聞了。第二天他就把我叫去，我不知道他對這件事的看法怎樣。

「健生，你這次表現很不錯。」一見面他就讚賞我。

我不知道他是指那件事？是射擊比賽還是和駱鐵頭結拜兄弟？

「大隊長不怪我嗎？」我惶惑地說。

「不，不，不！你的態度很對，對駱鐵頭這種人就要不亢不卑。」

「對任何人我都如此。」我說。

~~「對！」他把兩手輕輕地一拍：~~「男子漢大丈夫，應該如此，應該如此。」他說。

「不過那次射擊我實在有點冒險。」我坦白地說。

「我也替你捏一把汗，」他愉快地一笑：「不過國軍人就應該有這種精神，七分把握，三分冒險，結果總是成功的。」

「假使那次失敗了我真沒有臉面再見大隊長了。」我說。

「我會另外派你的工作。」他爽快地說。

「如果那樣[redacted]我只好離開游擊區了。」我認爲即使老長官百般愛護我，我也沒有臉面見駱鐵頭和張佩芷的。一個臉上是輕蔑的笑，一個嘴角上是揶揄的笑，這兩種笑都是同樣難受的。

「健生，我知道你很有榮譽心，但是還要能忍。」他深深地望着我。「如果眞的那樣你反而使我失望了。」

「大隊長看見過駱鐵頭和張佩芷的那種笑嗎？」我大胆地問他。

「嗯，嗯！」他連忙點頭。「這兩個人的確不容易應付，[redacted]你覺得張佩芷怎樣？」

「我[redacted]沒有見過這樣的女人。」我說老實話。

「像一匹又好看，又大胆，又沒有繮繩的母馬是不是？」他愉快地笑着，他是學騎兵的，所以他很自然地用了這種譬喻。

「有點像。」我也忍不住笑了。

「現在我有辦法了，」他深深地望了我一眼。「我想給她安上一條結實的繮繩。」

「我不瞭解大隊長的意思。」我[redacted]地說。

「這很簡單，」他爽快地說。「我想把她交給你。」

「我管不了她。」我坦白地說，她不是我的部下，又是女性，我怎麼好約束她呢？

「哈哈，」他輕鬆地一笑。「我知道她用不着你管，她自然會遷就你的。」

我不好意思再講，我馬上轉變話題：「大隊長知道駱鐵頭和我拜把的事嗎？」

「知道，知道，」他連忙回答：「這件事情做得很好，像駱鐵頭這種人總脫不了下層社會的習氣，可是他們很講義氣，這比國際間簽訂三五十年的同盟條約要有意義得多。」

「我想這以後可以減少我們之間的許多[redacted]阻礙。」

「當然，當然，」他信任地點點頭。「凡是[redacted]國工作中間的一切阻礙我們都要想辦法除掉它，因為反共救國工作不是少數人的事，也不是少數人能夠辦到的，只有大家同心協力才能完成它。」

「大隊長的看法很對。」我衷心地佩服說。

「因此你和駱鐵頭張佩芷他們之間的合作我很重視。」他沉重地說。

「我想沒有什麼問題。」我很快地回答。

「我也知道不會有問題，因此我想這次讓你們一道出去。」他望着我的臉上說。

「那兒去？」我連忙問。

「山那邊去。」他向窗外的羣山望了一眼。

我來了幾天，我知道「山那邊」是什麼意思？游擊隊員們一提起「山那邊」都怪親切，因爲山那邊是他們的家鄉，是他們的國土。老長官要我到山那邊去自然是指到雲南去了。

「我很願意，」我快兩年沒有踏過大陸的泥土，我很希望聞聞祖國泥土的芬芳，因此我十分高興地接受這個命令，但是張佩芷也一道去駱鐵頭是否同意呢？這不免使我有點遲疑了。因此我婉轉地說：「張佩芷一道去駱鐵頭是否同意呢？」

「他同張佩芷不愉快嗎？」他的臉孔有點嚴肅起來。

「不是這個意思，」我馬上解釋。「不過他總有點瞧不起女人。」

「張佩芷應該例外。」他說。

「他對張佩芷還算客氣，要是別的女人他是百份之百地不贊成的。」我根據實際觀感說。

「駱鐵頭就是這些地方還需要教育，他的觀念有點陳舊，他不瞭解女人的重要。」

他這句話使我也有點臉紅，我也多少有點瞧不起女人的。

「[illegible]張佩芷這次去確有必要嗎？」我問。

「當然，她比你們更容易接近民衆，更能搜集情報。」他說。

接着他告訴我這次去山那邊的任務很重要，他說這是一次大的軍事行動的前奏，我們去的目的除了經常的狙擊任務外，還需要特別注意蒐集情報，增進游擊隊與民衆的情感，一旦發動攻勢，才能水到渠成。他要我和駱鐵頭商大祥張佩芷四個人一起行動，我們的任務是督導指揮潛伏在滇西南十幾縣的突擊隊員[illegible]鬥爭的。

「你們必須跑遍每一個縣城，每一個鄉鎮。」他指着壁上的掛圖說。

「就是我們四個人去嗎？」我問。

「不，這邊基地的突擊隊員統統帶過去，好增加山那邊的實力。」他說。

「要不要先和駱鐵頭張佩芷講[redacted]？」我問。

「你先回去和他們商量一下也好，明天我再要他們來正式下達命令。」他[redacted]說。

臨走時我把他的手槍解下來還給他，他却笑[redacted]說他還有一枝，要我留着用。[redacted]

我回來以後就把他的意思告訴駱鐵頭、商大祥、張佩芷他們。駱鐵頭一聽說要到山那邊去他就高興得跳了起來。

「[redacted]！老子又有機會殺人了！」他在我背上用力一拍，眼睛都紅了。

「可不能亂殺啊。」我笑着勸告他。

「只要碰見共[redacted]，老子就不管他姓李姓張，一槍一個[redacted]！」他[redacted]

「你到底殺了多少？」我好奇地問。

「他媽的，那班[redacted]誰還去記數？殺了不就拉倒！」他[redacted]兩手猛力一揮。

「最少也有三四百了。」商大祥插進來說。

我睜着眼睛望着駱鐵頭，因爲這不是砲彈的殺傷，這都是他一槍一個打死的，厨子殺鷄一年大概也不會超過這個紀錄。

「[illegible]，這兩個月來簡直沒有閒祇，」駱鐵頭却直[illegible]，顯出很不滿足的樣子。

「鐵頭，這回你應該多殺幾個！」張佩芷鼓勵地望着他，我知道她那對眼睛是有多大的蠱惑力量的。

「老子恨不得一口氣把那班王八蛋殺個精光！」他忽拔出槍來朝天開了一槍。

對於他這種火爆性子我眞有點担心，我不知道怎樣控制他好？我走到張佩芷身邊，輕輕地責備她：

「剛[illegible]妳爲什麼慫慂她？」

「你怕嗎？」她反而望着我[illegible]笑了起來。

「胡說！」我瞪了她一眼。

「那你爲什麼要責備我呢？」她嘴角上又浮起那絲揶揄的微笑。

「人命[illegible]不能兒戲[illegible]！」我嚴肅地說。

「那你爲什麼來這兒打游擊呢？你知道我們不殺他們，他們可要殺我們嗎？」她反問我兩句，[illegible]話[illegible]樣地[illegible]。

我不知道怎樣回答她好，我轉過身來輕輕地問鐵頭：

「司令說讓她和我們一道去，你同不同意？」

他向她全身上下打量一下，然後讚賞地說：

「本來我不會同意，可是她這幾句話倒眞够味！」

這完全出乎我意料之外，想不到這兩個桀傲不馴的人竟在這一點上融合了。

「要是誰不讓我去我就給他不客氣！」她拍拍腰間的手槍，冷冷地瞟了我一眼。

「哈哈哈！想不到妳倒有這麼大的勇氣？」我故意冷笑幾聲：「別到真的碰着共產黨反而嚇得哭喔！」

「哼！游擊隊裡才沒有這樣的膿包！」她把嘴角往下一撇。

「好！瞧妳的！」我白了她一眼，心裡卻不是那麼回事。

我們動身時司令副司令和基地的游擊隊員們以及白夷人都集在操坪上送行。還有幾位白夷女郎向我們獻花，朗英也在裡面，她握一束映山紅滿面嬌羞地向我走來，當她把花遞到我手中時她用雲南話輕輕地對我說

「祝你勝利。」

「謝謝妳。」我向她點點頭。

「你什麼時候回來？」她又輕輕地問我。

「我還不知道呢？」我也輕輕地回答她。

「你還沒有到我家裡去玩呀！」她迅速地瞥了我一眼，又把頭低下去。

「抱歉得很，回來時我一定去拜望你們。」我笑着說。

她笑了，笑得很天眞。

這時駱鐵頭忽然大喊一聲，朗英像小鹿忽然聽見虎嘯一樣爲之一怔，我抬頭一看，操坪上的人都在向我們揮手，隊伍已經蠕動了。

朗英向我說了一聲「再見」就迅速地溜走了。

我望着她的背影心裡有一種奇異的感覺。以她的容貌和學識來說，自然是白夷女人當中的一朵奇花，但比起張佩芷來似乎又差一級，但她卻比張佩芷溫柔含蓄，她像一株百合，一叢幽蘭。自然，我對她還談不上愛，但她對我似乎有一種神秘的情感，這使我無法拒絕，又不能不特別愼重。應付她和應付張佩芷我覺得同樣的困難。

「怎麼，你還不走？」張佩芷忽然用手肘輕輕地碰了我一下，盯了我一眼。我如夢初醒地緊跟在她的後面，一步一步地走向叢林。

「我看你這次到山那邊去一定會害相思病。」她兩眼熠熠閃亢，兩片薄薄的嘴唇浮起一絲揶揄而帶酸意的微笑。

「我還不知道應該想誰呢？」我望了她一眼，她那樣子確實使我有點困惑。

「朗英哪！」她馬上接嘴。

「是那位白夷女孩子嗎？」我故意裝佯。

「哈哈，裝得眞像！」她冷笑一聲。「我看你嘴裡輕鬆心裡未必輕鬆吧？」

「我又不該她的，不欠她的，為什麼不輕鬆呢？」我裝作若無其事地說。

「你不欠她的大概她總欠你的吧？」她望着我神秘地笑着。

「妳是知道我才來找天的。」我用這句話來搪塞。

「這有什麼關係呢？只要見一次面就够了。」她又向我揶揄地一笑。

「別開玩笑吧，人家是白夷姑娘啦。」我想用這句話來逃避她的糾纏。

「白夷姑娘可沒有種族成見哪！」她兩隻眼睛灼灼地望着我：「朗英不是很多情嗎？」

「這也許是妳的看法？」我向她微微一笑。

「難道不是你的看法嗎？」她俏皮地反問我。

「對於女人我無所謂什麼看法的！」說良心話，對於一般女人我是滿不關心的，但對於張佩芷和朗英就不同了。

「那麼對於這束映山紅呢？」她兩隻眼睛緊緊地盯着我。

這下倒使我有點尷尬了，我和她談了這麼多的話，朗英送我的那束映山紅還緊緊地握在手中，我一時不知道怎樣處置好？丟在地上嗎？花紅得實在可愛，朗英的那份情感也很可貴，我不能這樣糟蹋一束鮮花和一個女孩子的純潔情感哪！交給張佩芷嗎？我又怕她生氣，一腳踹得稀爛。想來想去我只好把它輕輕地放在一棵樹叉上。張佩芷看見我這樣做叉揶揄地說：

「喲！想不到你倒是一位好情人哩！」

「我不過是愛護這束花罷了。」我裝得十分平淡地說。

「也很愛那送花的人是不是？」她 盯着我，我簡直有點怕看她那對閃亮的眼睛。

「沒有這回事。」我不看她，我望着樹林說話，並且不自覺地又望了一下那束花。

「你何必這樣不老實呢？」她雖然有點生我的氣，可是她到底是個大學生，她還能控制自己的情感，平靜地說話。

「妳知道我是到這兒來打游擊的。」我覷了她一眼。

「也順便談談戀愛是不是？」她噗哧一聲笑了起來，我也忍不住笑了。

「噯呀，妳看鐵頭那副樣子。」我趁機轉變話題，指着鐵頭對她說。

這時鐵頭正騎在那匹黑緞似的馬上，在前面得得地走着，樣子十分威嚴雄壯，他那一頭的鬃似的長髮快拖到肩上。

「很像一位印第安的酋長。」她向我笑着說。

「妳也有這種感覺嗎？」我笑着問她。

「嗯，」她點點頭。「你看他那神氣，我想他臉孔一定是死板板的。」

「還有一股騰騰的殺氣是不是？」我笑着說。

她向我會心地一笑[redacted]說：「他就是這麼一個人。」

「他真是共匪[redacted]的尅星。」我說。

「這次不知道他要送掉多少狗命？」她也眉飛色舞起來。

她和鐵頭同樣地使我担心，萬一他們聯合起來蠻幹，那我就沒有辦法了。唯一能與我態度行動一致的只有商大胖，但他和我都是鐵頭的部下，於公於私都不好過分阻撓他。

走着，走着，我們已經翻過幾座大山了。現在樹木更密，路徑更小，左右兩邊樹上時常有猿猴出發現，附近也有[redacted]虎聲，大家都把槍握在手上，鐵頭的馬也不時打着噴嚏，間或引頸長嘶。

忽然前面的人停了下來，一個傳一個，傳到張佩芷和我時才知道是休息造飯。我們每一個人身上都揹了一小袋糯米，大家都解開藍布袋子掏了一盌米出來，一個一個地傳上前去，交給打前站的伙伕責。

張佩芷和我靠在一棵大樹上休息，樹上有好幾隻猿跳來跳去，咕咕地叫着，我隨手檢起一個石子向牠們擲去，牠們就唰唰地跳到別的樹上去了。

「要不要我打一隻給你看看？」她拔出手槍來笑着問我。

「別無謂的殺生害命吧。」我伸手阻止她。

「喲！想不到你還是個佛門弟子哩！」她盯着我揶揄地笑。

「牠不害人我們何必打牠呢？」我說。

「試試我的槍法呀！」她望着我說。

「我已經領教過了。」我白了她一眼。

「佩服嗎？」她向我俏皮地一笑。

「還受過那天訓練。」我做出愛理不理的樣子。

「你再這樣陰陽怪氣的我寧可犧牲這顆子彈！」她忽然把手槍抵住我的胸口。

「悉聽尊便。」我把眼睛一閉，我料她不敢。

她把槍口在我胸口上大約抵了一分鐘還不見動靜，我微微啓開一隻眼睛瞄她，才知道她正在看我，她的臉微微一紅，馬上把槍抽回去，隨口罵了一句：「壞東西！」

看見她那副樣子我不禁哈哈地笑起來

吃過糯米糰子之後我們又繼續前進，愈走樹木愈陰森，天色也漸漸地暗下來，野獸也愈來愈多，咕咕唔唔之聲隨時隨處都可以聽到，走進一個山谷時駱鐵頭又打死了一頭老虎，大約兩百來斤。這樣的深山小徑如果一個人走那是隨時都會丟掉性命的。

直到天黑時我們才達到一個邊界聯絡站，這才休息下來。吃過晚飯之後我們就依着原來的計劃把隊伍化整為零，十八人一組地把他們分開，要他們好好地休息一夜之後明天再分別潛入雲南省境。

我和駱鐵頭南大維張佩芷四個人向聯絡站長研究了半天敵情，這個站的消息靈通得很，這幾天敵人的防衛並不很嚴，我們有很多同志潛伏在附近各縣鎮活動，他們隨時都會接應我們。

我們討論到半夜才睡，認爲一切都沒有問題時才伸了個懶腰鬆了口氣。臨睡時張佩芷忽然走近我耳邊輕輕地說：

「乖乖地睡，不要胡思亂想害相思病。」

第十一章 張佩芷罵人惹禍 男子漢見義勇爲

現在我們四個人已經進入瀾滄縣境了。在城外十里路的一個農家和第九組的隊員們會面了。他們在瀾滄縣工作了半年，對於當地的地形非常熟悉，還零零碎碎地捕殺了兩百多敵人。據他們說駐在城裡的是四十師的一個步兵營，附近各鄉鎮還分駐了一些小部隊。我和鐵頭商量的結果決定夜晚混進城去看個虛實，然後再決定怎樣行動。

天一黑第九組的隊員們已經部署好了，我們四個人很順利地進入市區。

張佩芷一走上街就掩飾不住心頭的喜悅，她輕輕地向我說：「你看這兒多熱鬧？」

其實這兒一點也不熱鬧，比起台北來就顯得格外蕭條，在街上走路的老百姓都穿得破破爛爛，沒有一個人有一張笑臉，也不說一句話，一心低着頭走路，不過這兒還是有不少的店舖，房屋的建築也還堅固，比起游擊基地的那些茅草棚子自然顯得神氣多了。

這時對面有兩個戴紅星帽的軍官高視闊步地向我們迎面走來，樣子驕傲得很，看上去都只有二十四五歲左右，大概是被馬列主義和太容易的勝利沖昏了頭腦，一走近我們那四隻眼睛就骨碌碌地盯着張佩芷的臉上，張佩芷心裡雖很生氣，但看見我的眼色也就忍了下去。可是那兩個傢伙剛一走過去就輕薄地笑了起來，張佩芷這下可惱火了，她隨口罵了一句：「混蛋！」

那兩個傢伙本來是唯恐你不理他，現在聽見張佩芷罵他們就找着了題目似的馬上回轉來。

「喂！妳為什麼罵人？」其中一個雙手叉腰盛氣凌人地提出質問，另一個則笑嘻嘻地一臉孔輕薄相。

「罵人同你有什麼關係？」她馬上瞪着眼睛回敬一句。

我生怕鬧出事來，連忙把她往身邊一拉，忍住氣向那兩個傢伙陪不是。

「對不起，同志，內人年青不懂事，請你們兩位原諒。」

「她媽的！誰是你的同志？」他馬上一個耳光打過來，找着我出氣。

另外那個傢伙看見我挨打，馬上哈哈地笑起來，但我還是忍了下去，我正慶幸駱鐵頭和商大祥走在前面，要是他在身邊可能早已回敬了他們兩顆子彈。可是張佩芷忍受不了這種侮辱，她看見我遲遲不回手她馬上牙一咬迅速地回敬那傢伙一記清脆的耳光，那傢伙趁機把她一把摟住，另外一個則在她臉上摸了一下，而且色情地笑了起來。

這時我還極力忍耐，我可憐地向他們陪禮，我不希望闖禍。街上的老百姓雖然不少，但看見兩個戴紅星帽的青年軍官和我們兩個老百姓鬧也沒有一個人敢走過來看熱鬧。

張佩芷被那個傢伙抓住不放，另外那個傢伙又在她臉上摸了一下，她氣得亂打亂踢，又狠命地在那個抓住她的傢伙手上咬了一口，那傢伙痛極了馬上向她揮了一拳，我迅速地及時隔開，同時回敬一拳過去，鬧到這種地步我知道忍也無益了。

我不知道我這一拳有多重，只看見那傢伙馬上兩脚朝天地倒了下去。另外那個傢伙看見同伴被我打倒馬上拔出槍來準備打我，但我比他快一步，我提起右脚對準他的右腕一踢，他的槍一飛就飛出好幾丈遠。

這時街上的秩序已經大亂，老百姓亂跑，商店紛紛關門，那傢伙的槍剛被我踢掉又馬上向我撲過來，我又左右兩拳把他打倒。我知道闖了大禍，我正想拖着張佩芷逃跑，但駱鐵頭商大祥以及另外兩個隊員及時趕到，這時那兩個跌掉了帽子的傢伙已經爬了起來，但是脚步還沒有站穩鐵頭拍拍兩槍送他們去見閻王了。

在紊亂黑暗中我拖着張佩芷跟着商大祥駱鐵頭他們逃出了灤滄縣城，後面響着零零落落的槍聲。駱鐵頭還想埋伏在路邊狙擊追趕的敵人，但我不同意，我勸他暫時避避鋒頭，以後的機會還多得很。

我們不敢沿大路跑，我們向附近的山上躲避，爬了十幾里的山路才找到一戶人家，這才休息下來。因爲據同來的那兩位突擊隊員說，離灤滄縣城十里以外就是安全區，尤其是在夜間敵人不敢隨便出來。

這一家人只有兩位五十多歲的老夫妻，他們看見我們這些不速之客，先不免有點驚愕，但經張佩芷和商大祥解釋一番之後才安心不來，而且熱忱招待。

在燈光下我發現張佩芷的手和面部都刺破了，這十多里的山路眞是高一腳低一脚的，而且兩旁的樹枝荆棘很多，稍一不小心就會刺破。

「眞他媽的，這次進城我本來預備好好地幹一下，那兩個傢伙實在太不過癮。」鐵頭懊悔地說。

「幸好我們沒有損失。」雖然我們這次進城沒有什麼收穫，但在這次突然的事件中沒有被捕，也沒有[illegible]傷人，我覺得還算不錯。

「這種小玩意如果也有損失那還打個屁的游擊！」鐵頭把一隻右脚踏在一隻櫈子上滿不在乎地說。

「下次妳可不能這樣闖禍？」我向張佩芷提出警告。如果不是她沉不住氣[illegible]我們這次可能有點收穫。

「我看妳還是遇事愼重一點好。」商大祥也這樣對她說。

「我可沒有你們那股瘋勁兒。」她說着自己也好笑起來。

「今天如果不是他在妳身邊那妳可够瞧了。」商大祥指着我向她說。

「我也決不會讓他們强姦！」她又倔强地昂起頭來，她臉上的血跡還沒有乾[illegible]。

她的大胆眞使我有點目瞪口呆，但駱鐵頭却高興得嘿嘿地大笑起來。

對於張佩芷這朶有刺的玫瑰和駱鐵頭這股黑旋風我眞不知道怎樣才能改變他們的性格？今天算是白進了瀾滄縣一趟，以後又將如何呢？我能不能達成老長官交給我的任務？現在我還毫無把握。

在我苦思焦慮中，[illegible]的大公雞在塒裡喔喔喔地長啼了。

第十二章 佳人也有傷心史
淚眼不彈未問天

天亮以前我們又轉移了一個安全可靠的地點。

據第九組的隊員報告，昨夜我們打死的兩個傢伙一個是第一連的排長，一個是第三連的排長。這件事情發生之後抓了十幾個人，現在城裡正在[redacted]戒備[redacted]，這幾天不能再進去。

我和鐵頭他們商量決定轉移目標，先向各村鎮下手，據報有一個叫做石家堡的小鎮駐了一排人，紀律很壞，老百姓非常痛恨，如果我們發動三個組去進攻，一定可以把他們消滅，而且可以得到很好的裝備。

鐵頭總說他就準備調人在當天夜晚去進攻，他主張給他們一個迅雷不及掩耳的打擊，他要殺一個痛快。張佩芷也很同意他的主張。但是我和商大維不同意這樣急於行動，我們主張先派一兩個人去看個究竟，最少要有七八成把握才能動手。

費了很多的唇舌才把鐵頭和張佩芷說服，但是他們兩人都想自己去。這點我不大放心，鐵頭去他本身的安全是沒有問題的，就是鬧出了事他也有辦法脫身，但是不一定能達到一網打盡的目的。假使他遇着了那位排長，他一定會毫不考慮地把他幹掉，這就不免打草驚蛇了。如果是張佩芷去呢？假使再遇着昨夜那種事那她可能脫不了身，即使能脫身任務也不見得能圓滿達成。

「最好我們四個人抽籤，兩人去兩人留在這兒。」我提出這個折衷的辦法。我總希望鐵頭和張佩芷不要搞在一塊兒，如果商大祥和我有一個人抽着隨便搭上他們那一位都可以配合。鐵頭和我在一塊兒無論是打架玩槍那都不會含糊；鐵頭和商大祥在一塊兒也不會出什麼大亂子，他們兩人是同鄉，又是老搭擋；如果換上張佩芷也行，不過多操一點心。

「好，看在我們哥兒們面上，就依你的。」鐵頭用力在我背上一拍。

張佩芷看見鐵頭已經答應她也不好說什麼。商大祥更沒有問題，他常常能和我取得默契，這件事他也完全贊同，並且自動地做好四個紙籤。

他把四個紙團子揉好之後就像擲骰子般地往桌子中間一丟，鐵頭和張佩芷一人先搶一個。張佩芷馬上打開一看：紙上寫的是一個「去」字，她高興得跳了起來。

「我去！我去！」她笑着說。

我看她抽中了非常担心，我連忙問鐵頭：「你呢？」

他仔細打開一看是一個空白，他馬上把它用力一揉往地上一摔，用脚踹了兩下，隨口罵了一句：「媽的——倒楣！」

這下我可放心了，我又問商大祥抽到沒有？他搖搖頭。我知道我抽中了，我把紙團子往桌子中間一丟，張佩芷馬上打開來看，裡面是一個鋼筆字：「去」！

「嘿嘿！又是你們兩人搞在一塊。」鐵頭裂開大嘴巴笑了起來。

張佩芷心裡很高興，我心裡也很高興。但爲了有一個人來往傳遞消息，我還要求鐵頭派一位幹練的隊員同我們一道去。

「好，依你的，都依你的。」他愉快地說。他手下一共有兩百多突擊隊員，都是他的老部下，這些人有的跟了他十年八年，有的跟了三年五載，而且都經過嚴格的考驗，無論槍法胆量都是第一等的。因爲通常在一百個新人中他只揀胆量最大的收收那麼一個兩個，其餘的他一概淘汰。

他這次派給我的是一位很優秀的隊員，年輕，胆大，精細，當地的情形又十分熟悉，同老百姓也混得頂好，我非常高興。

下午五點鐘我們就動身向石家堡進發。在路上我特別提醒張佩芷不要任性。

「這次妳可不能再耍小姐脾氣。」我鄭重地對她說。

「算我倒楣，又跟着你。」她向我嫵媚地一笑。

「妳不願意？」我故意試探她。

「如果讓我選擇的話——？」她望着我笑，不說下去。

「怎樣——？」我也望着她。

「那我還是願意和鐵頭在一起。」她向我狡黠地眨眨眼睛。

「嗯，那很有趣。」我笑着說。

「你又在耍什麼花腔？」她機智地望着我笑。

「在妳面前我很老實。」我也望着她笑。

「呸！」她噗哧一聲笑了起來。

這時在山路的拐彎處我們碰見了一個戴紅星帽子的士兵。走在我們前面的那位突擊隊員鎮定地和他擦身而過，張佩芷迅速地望了我一眼，我沒有作聲，照常地行走，因為我們都是穿的老百姓服裝，並沒有游擊隊的任何標誌，槍也是揣在懷裡的。張佩芷看見我照常地行走她也只好把那摸着槍柄的右手放了下來，我們也都和那個士兵擦身而過。

「怎麼不幹掉他？」那個士兵走過之後他輕輕地問我。

「何必打草驚蛇？」我說。同時指指前面那個突擊隊員「妳看他多鎮定。」

「唉！白白地錯過了一個好機會。」她惋惜地說，同時回頭望了一下那孤單的士兵。

「機會多得很，你何必急呢？」我輕輕地說。

「我和鐵頭就是沒有你這麼瘋。」她向我俏皮地一笑。

「如果妳和鐵頭能再瘋一點那就了不起了。」我鼓勵地說。

「沒有辦法，這是父母生就的。」她笑着搖搖頭。

「以前妳不是這樣嗎？」我問。

「以前我愛唱歌、跳舞、演戲，成天像個花脚貓，停不下來。」她急急地說。

「還有呢？」

她不作聲，只望着我笑，隨後帶點姣羞地說：「還愛談談戀愛。」

我笑了起來，我說：「妳倒坦白。」

「我瞞不住人。」她也笑了起來。

「那些男朋友呢？」我望着她說。

「別談了。」她搖搖頭。

「告訴我又有什麼關係？」

她先望望我，然後爽快地說：「好，說就說吧。」她把頭一昂。「有的死了，有的走了，有的早當共產黨了。」

「妳不想念他們嗎？」

「死的完了，走的算了，當共產黨的是我的敵人了。」她一流水地說，又隨手抹抹快要滴下來的眼淚。

我這才知道張佩芷還有這麼一段傷心事，這使我更加同情她了。

「假使現在碰着妳當共產黨的愛人妳又怎樣？」

「一槍打死他！」她毫不攷慮地說。

「不念過去的情感嗎？」

「不！[illegible]「他不過是想利用我，並不真心愛我。」

「那妳浪費情感了。」

「因此我恨他！他騙取了我的愛情，毀滅了我的家庭。」她突然忍不住倒在我身上嗚嗚地哭了起來。

「別難過，我一定對你報仇。」我輕輕地拍拍她。「不過不能太急躁，應該深沉一點。」

她迅速擦乾眼淚，昂起頭來，向我嫣然一笑。

天黑以後，我和張佩芷跟着那位青年突擊隊員進入石家堡附近的一個老百姓的家裡了。

第十三章 鄉鎮風光春意鬧

庸醫酒色心自迷

這是一個中等人家，人口不多，只有一對老夫妻和二十三四歲的兩小口子。兒子唸過幾年書，是個獨生子，媳婦是個小家碧玉，一家人的生活原先倒是其樂融融的，共產黨來後一天比一天艱苦，最近更是愁雲慘霧佈滿了整個家庭，一筆足使全家破產的公債限期已經逼近，而駐在石家堡的那位新貴王排長又看中了這位小主婦，最近正計劃發動婦女會挑撥她離婚，一家人着急害怕得很。她的丈夫和我們這位突擊隊員認識，並且知道他是游擊隊，在無路可走的情形下，他曾幾次向他們求援。

現在他把我們帶到這個人家，並向那位青年人說明來意，他真是又驚又喜。

張佩芷和小主婦老太太兩人一談就很投機，她們對她很尊敬，當她對她們說願意代她們解決困難時她們都感激得流淚了。

我雖然是外鄉人，但由於張佩芷和那位突擊隊員的關係，他們一家人對我也不見外。

隨後我們就開始商量如何應付共[redacted]登門「訪問」的辦法，經過多方考慮後是盡量避免和訪問人員碰頭，如果碰上了就以親戚名義搪塞，萬一搪塞不過去我還有兩枝手槍，自然我們是不願意碰見什麼訪問人員的。至於鄉人們現在都不願意過問別人的閒事，對共[redacted]都抱着敵視的態度，最少也不會和共[redacted]合作，這和共[redacted]初來的情形已經大不相同了。何況他們對於山那邊的游擊隊正非常嚮往呢？如果知道我們就是游擊隊那就更不會多事了。所以我們除了對付共[redacted]外老百姓是用不着担心的。

一夜平安過去之後，次日吃過早飯我們三人就出去看看地形，看看敵人的駐紮地點和兵力分佈情形。

這是一個山坳裡的小鎮，只有三[redacted]十戶人家，但却是由山區進入瀾滄縣城的要道，山上一切土產也是由這兒轉運進城的。敵人在這兒駐紮一排人可能有兩個作用，一是防止游擊隊活動，保衛城區安全；二是保護稅收。

我們和張佩芷在小鎮上的石板路上漫步，天氣很好，樹葉葱綠得格外可愛，鳥兒在枝頭啁啾，太陽晒在身上暖洋洋的，在石板路上熠熠閃光，一陣陣微風吹在身上真有點醉人。偶爾有一兩個戴紅星帽的士兵從街上走過，也提不起精神，帽子歪戴着，風紀扣和第一個鈕扣都敞開來，嘴裡咿咿呀呀地哼着小調山歌，我和張佩芷雖是信步而行，但額上還是沁出一層汗珠來。

「嗨！這種天氣眞怪迷人的。」張佩芷一面揩汗一面望着我笑。

「春天就是這個樣兒。」我也揩揩額上的汗珠。

「這種天氣在滇池划船那該多有意思？」她輕輕地說，眼光有點沉醉。

「在這兒散散步不更有意思嗎？」我說。

「可沒有划船那麼輕鬆呀。」她望着我輕盈地一笑。

她的純眞一時也引起我頗多的感觸，像她這樣一位二十二三歲美麗熱情聰明而又有一個好出身的女孩子本來應該像藍衣天使般地快樂，唸書、戀愛、唱歌、跳舞、划船，這都是她[illegible]享受的幸福，二十二三歲正是一個女孩子的黃金時代，一生只有這麼一次，她怎麼不該盡情地享受呢？再過二十年三十年她還有這種心情嗎？而現在她的家毀了，她的父母鬥爭死了，她却和我一樣地冒着生命的危險在刺刀尖上散步，自然沒有在風光明媚的滇池划船那麼輕鬆哪！

「妳很想念滇池嗎？」我輕輕地說。

她點點頭，不說話，眼睛望着遠方。

「現在別想那麼[illegible]吧，眼前的事我們還沒有辦好哩。」我輕輕地提醒她。

她馬上向我歉仄地一笑，再用手拂拂那被微風吹亂了的長髮。

我再向前走，忽然看見我們那位突擊隊員坐在一家茶館裡和一個士兵聊天，談得非常投機，看樣子他一定有點收穫。

在右家堡的南端，這個小鎮的盡頭，我們發現了這一排人的駐地，那是一個相當大的祠堂，建築很好，黑漆大門，門口還站了一個守衛的士兵，他懶洋洋地望了我們一眼，又閉上眼睛打盹。

我和張佩芷繼續察看了一會兒之後馬上趕回昨夜住的地方，我用鉛筆繪好了一幅地形圖，我準備要那個突擊隊員趕快送給鐵頭。一會兒那個隊員也回來了，我首先問他有麼發現沒有？他報告我說這一排人有兩挺輕機槍，一挺重機槍，其餘的都是步槍。

「還有什麼沒有？」我問。

「聽說他們很愛賭。」他說。

「還有呢？」

他先望望張佩芷然後輕輕地說：「還愛玩女人。」

我也望了張佩芷一眼，我看見她綳起面孔有點生氣。

「好，你把這張地圖送給隊長，」我隨手把剛繪好的地圖遞給他。「請他趕快調人，今夜十二點鐘動手。」

「我們怎樣聯絡？」他謹慎地問我。

「你親自帶他們來，一到就打，聽見槍聲我們就會趕去參加。」我一連說了兩遍。

他向我敬了一個禮馬上動身走了。

「今天我想請你委曲一下。」那個隊員走後我又鄭重地向張佩芷說。

「你又在耍什麼花腔？」她睜大眼睛望着我。

「我想要主人請一次客。」我說。

「請誰？」她連忙問。

「自然是那位王排長。」

「這和我有什麼關係？」她機警地盯了我一眼。

「我問妳，妳想不想幹掉他？」

「一見面就給他一顆子彈。」她隨手掏出槍來察看。

「那可使不得。」我望着她說。

「留着他嗎？」她奇怪地望着我。

「不是這個意思。」我搖搖頭。

「那你又搗什麼鬼？」她瞪我一眼。

「不是搗鬼，是爲了這次突擊的成功。」

「那他一個人有什麼用？我一個人又有什麼用？」她把身子一扭。

「如果你能顧全大體我就講出來，否則我們只好碰碰運氣。」

她低着頭半天不响，儘玩弄手槍。忽然她抬起頭來瞪着我說：「好吧，跟着你總是倒楣的！」

我聽了她的話忍不住笑了起來，馬上走過去安慰她：

「放心，聽我的話妳決不會吃虧的。」

她也信任地一笑。

接着我把計劃告訴她，她聽了以後反而老成地問我：「不知道主人是否同意？」

「那麼就請妳去和他們商量一下，假如他們同意的話，可別忘記了買點好酒。」

「共產黨不准老百姓吃酒的。」她提醒我。

「放心，他們禁止別人不禁止自己的。」我笑着說。

她向我俏皮地一笑就出去了，不多久又高興地跑了回來。

「怎樣？」我關心地問。

「他們同意。」她點點頭。

「他們攷慮後果嗎？」

「他們說反正活不了，幹了以後就同我們跑到山那邊去。」她說。

「那我們非常歡迎。」我說。「能夠多拯救一個老百姓總是好的。」

大約晚上八點多鐘，那位中尉排長就被老主人請來了。他是一個瘦長個子，馬臉，看上去好像沒有一點肌肉，年紀雖還不到三十歲，但卻很陰鷙深沉。我和老主人的兒子都躲在房間裡一架大壁櫥的後面，從木板縫中注視那傢伙的每一動作。

他一到來就貪婪地看了老主人的媳婦一眼，她馬上羞慚地低下頭去。但他一轉身之間忽然發現了張佩芷，這一下他簡直有點呆了，他直楞楞地望着她，但張佩芷並不低下頭去，她反而向他一笑。我也沒有看見過她像現在這麼動人，她穿了小主婦的一件八成新陰丹士林布短褂，一條黑緞子長褲，完全一副村姑打扮。她的身材是那麼窈窕，發育得是那麼勻均，雖然是一套短裝也可以明顯地看出她全身的曲綫來。如果穿了海派的旗袍那眞不知道要迷惑多少人呢？現在她那一對會說話的眼睛已經望得他全身不自在了。

「啊，王排長，這是內姪女，不懂事，請坐，請坐。」老主人殷勤地說。

張佩芷向他微微一鞠躬，他連忙還禮讓坐。

「請問小姐貴姓？」他笑嬉嬉地問。

「張。」張佩芷自然地欠欠身。

「今天來的？」

「昨天。」

「這樣說我眞有點相見恨晚了。」他色情地笑了起來。

「不，今天還不晚哩。」她揶揄地笑着。

「啊，王排長，請，請，請。」老主人舉起杯子笑着說：「沒有菜，沒有菜。」

「這是那裡的酒？」他喝了一口之後問。

「特為排長託人買來的，」老主人誠惶誠恐地說：「請包涵，請包涵。」

「沒有關係，只要我一句話他們決不敢找麻煩。」他派頭十足地說。

「自然，自然。」老主人隨聲應和。

「好酒，好酒。」他連連稱讚，同時舉起杯子向張佩芷說：「張小姐，我敬妳一杯。」

她推說不會喝酒，他不相信，為了表示誠意，他把一杯子酒一飲而盡，張佩芷這才把嘴唇碰了一下酒杯。

「張小姐太客氣，太客氣。」他連聲地說。

「小姪女實在沒有帶量。」老主人抱歉地說。

「王排長多喝幾杯。」張佩芷勸着說。

「一定奉陪，一定奉陪。」他馬上舉起杯子向她敬酒。

他又喝了半杯，張佩芷又只把嘴唇同杯子碰了一下就放了下來。他這才轉過來敬兩位老人和小主婦的酒，但只隨意喝了一點。這傢伙認識張佩芷僅僅這麼一會兒工夫就把小主婦冷淡下來了。

這傢伙的酒量可真不小，半斤白乾喝完之後還毫無醉意，他又打發老人去買，老人期期艾艾地說他再也買不到手，請他原諒。

「什麼話？」他馬上把臉孔一綳，隨即掏出鋼筆和小筆記本來：「我寫張條子去，誰敢干涉我就要他的腦袋！」

老人唯唯諾諾地起身就走，他又把他喚住：「喂，再多切點滷肉來。」

老人面有難色，他大概看出老人手上沒有錢，他馬上遞給他幾張鈔票，然後手一揮：「去去去！快去快來！」

「王排長，抱歉得很，我們現在窮了，要是兩年前酒菜可以儘排長吃。」老太太一直沒講話，現在忽然這麼悽涼地說。

「別說廢話，」他馬上止住她：「兩年前我也吃不到你們的。」

張佩芷聽了笑了起來，我在壁櫥後面也想笑，但不敢出聲。

「張小姐笑什麼？」他馬上伸過頭來做了一副笑臉。

「我笑你們勝利得眞快，」張佩芷俏皮地說：「兩年前你恐怕還在陝北吧？」

「不，那時我已經打到河北了。」他馬上更正，臉上頗有一點驕矜之氣。

「眞快，眞快。」張佩芷又俏皮地一笑。

「這是人民的勝利，所以特別快。」他得意地說。

「可是人民並沒有撈着勝利的果實呀？」她盯着他說：「現在人民快餓死啦！」

「喻，吃菜，吃菜，」他支吾地說：「別再談他媽的人民了！」

「怎麼？不要人民了嗎？」她揶揄地笑着。

「唉，唉，唉……」他支吾着不知道怎樣措詞才好？恰巧這時老主人拿着酒菜進來，他這才接着說下去：「喝酒，吃菜。」

「好，我敬你一杯。」張佩芷杯子裡的酒本來一滴未動，她看見他剛斟滿一杯酒就趁機向他進攻。

「好，乾！」他馬上舉起杯子一飲而盡。

「海量，海量！」張佩芷笑着又把杯子原封未動地放下來。

「張小姐，這可不成，我吃了半斤妳還滴酒未飲。」他故意伸手去抓她的手，她却巧妙地閃開了。

「我吃一口你可要吃一瓶？」張佩芷又向他笑了笑。

他起初還推託，後來張佩芷又灌了幾次米湯，他才答應她喝下去，不過也要她喝完面前那杯酒。張佩芷看看自己的酒杯不大，也就答應了下來。

於是，他們吃着喝着，新買來的那瓶酒吃到一半時那傢伙就有點昏昏然了，說話時也少倫次，態度也放肆起來，時常想伸手去摸她一下，她總是巧妙地閃開，隨後又笑着向他敬酒。

那瓶酒喝到四分之三時他的眼睛就充滿獸性的光燄，他揮着手要兩位老人離開，他們只好畏縮地離去。這時小主婦就有點驚惶起來，張佩芷也有點着急，因爲她的槍在我這兒。

「來，張小姐，乾掉這一杯。」他舉起杯子貪婪地望着她。

張佩芷也只好勉强舉起杯子敷衍他，但冷不防被他一把握住了她那舉着杯子的右手，小主婦看見這種情形駭得連忙溜進房間裡來。

自然，我的神經也跟着緊張起來，我貼着木板縫目不轉睛地注視着，我看見那傢伙想吻她，但張佩芷竭力躲避，最後他忽然雙手把她緊緊地抱住，這下她可急了，她大聲喊叫：「健生快來，健生快來！」

正在這時我聽見小鎮的南端拍拍兩聲槍響，那傢伙馬上機警地放下手來，正準備掏槍，但我已經舉起兩枝槍閃到他的面前，嚴厲地喝住他：「不准動！舉起手來！」

他瞪着我慢慢地舉起雙手，張佩芷從他後面迅速地抽出他的手槍。但想不到這傢伙竟作困獸之鬥，他把他腳面前的竹椅用力向我一挑，我連忙閃避，他想趁機衝出去，而我又不想開槍打死他，我早想過在戰事結束之前這傢伙也許還可以利用一下，因此我拋下槍一把抓住他，張佩芷看見我們兩人纏在一塊也不敢開槍，那位年輕的小主人也不知道怎樣下手？這傢伙看見我手上沒有槍馬上打了我一拳，我倒退一步，他又拔腳想跑，但和小主人一撞沒有跑掉，我趕上去對準他的太陽穴猛力一拳，他隨即倒了下去，大約過了一分鐘才慢慢地爬起來，剛一站穩我又對準他的下顎打了一拳，他又倒了下去，這一下可暈了。我馬上吩咐那年輕的小主人拿出一條粗麻繩把他兩手反剪着五花大綁地綑起來，等我們綑好之後他也甦醒了，我和張佩芷馬上逼着他向他的駐地走去。

一出門我又聽見拍拍拍的槍聲，像大年夜的爆炮樣的，我知道駱鐵頭他們正在圍攻了。如果不大得手我準備押着這個傢伙上去命令他的部下投降，這是我要主人請他來吃酒的主要原因。

我們還沒有走到，那白天去送信的隊員就帶了二個人向我們迎面跑來，他大概是怕我們出了什麼事。我問他打得怎樣？他說已經解決了，只跑了兩三個人。

當我把這傢伙押到時鐵頭就劈頭問我：「你留着這王八蛋幹什麼？」

「我怕他還有用處呢？」我說。

「幹掉他！別讓他媽的糟蹋糧食。」

他正舉起槍來想打，但張佩芷比他快一步，她對準那傢伙的後腦殼拍的一槍，他馬上栽下去了。

這一次我們擊斃了三十幾個敵人，奪獲了三挺機槍，三十枝步槍，和十萬多箱子彈。另外還有幾十個老百姓跟着我們上山，鐵頭把年輕膽大的留了兩個下來，其他的人派了幾個隊員漏夜護送到基地去了。

第十四章 化整爲零行小徑 以小吃大是能人

次日清早，瀾滄縣派了兩連人來追擊我們，但我們的人早就化整爲零地分散了。

我和鐵頭商大祥張佩芷四個人仍然在一塊兒，另外還加了一個隊員。

三天之內我們幹了兩件事算是小有斬獲。我和鐵頭商量決定向雙江耿馬那方面轉移，瀾滄方面的突擊和蒐集情報的任務命令第九第十兩個小組切實負責，並和我們隨時保持聯絡。

我們的行動非常謹慎小心，不走大路，專繞山中小徑行走，鐵頭的路徑很熟，他在滇西南幹了十幾年，他本身就是一幅活地圖。

山上的樹木葱綠得特別可愛，葉子嫩得簡直可以擠出水來，鳥兒們在上面啣啣啾啾地唱着，跳着，眞是一幅最美麗的畫，一曲最好聽的輕音樂。

張佩茳的柔軟的長髮在微風中輕輕地飄動，她嘴裡也輕輕地哼着，她眞像枝頭小鳥一樣的快樂。現在她有兩枝手槍了，那枝新從王排長身上奪過來的手槍還是「俄國老大哥」的貨色哩！而且是一九四八出年廠的。

「現在該妳神氣了。」我向她翰着說。

「妬嫉嗎？」她馬上向我嫵媚地一笑。

「希望妳以後再聽話一點。」

「還要說？」她笑着盯我一眼。「差點上那傢伙的當了。」

「妳撈了一頓吃，還撈了一枝槍，我什麼也沒有撈着，只撈了當胸一拳。」我接着說。

她馬上噗哧地笑了起來，然後又握着我的手輕輕地說：「誰叫你對他們那麼客氣？一耳光一拳頭都是自討的。你看鐵頭多痛快？三四十個人拍拍拍的一下就解決了，你連一個人也沒有打死。」

「妳已經把他幹了我還打誰？」我說。

「我不打掉他也輪不着你打。」她向我一笑。

「妳和鐵頭這樣搶着幹我看這一輩子也輪不着我打。」我想想不禁失笑。

「喂，你們在搗什麼鬼呀？」鐵頭忽然回過頭來望着我和張佩茳說。

「寵瞞心。」我笑着回答。

「嘿嘿！要眞開心就多殺他媽的幾個[redacted]黨好了，同女人調什麼情啦？」他把頭一擺嘿嘿地笑了起來。

張佩芷瞪了鐵頭一眼，我心裡好笑，隨後我又向張佩芷說：「我看你們兩人都[redacted]殺人狂。」

「每一個游擊隊員都是一樣，誰叫共產黨欠我們這麼多的血債！」她把頭一昂，眼睛裡面隱藏着一股殺氣。

「我可不一樣。」我故意開她的玩笑。

「因此你不配做雲南人。」她毫不客氣地說。

「也不配當游擊隊員嗎？」我[redacted]問。

「那倒也少不了你一份。」她忽然輕盈地一笑。

「不然妳會吃虧是不是？」我輕輕地說。

「說出來多沒有意思。」她先嬌媚地一笑，然後又把頭一扭。

忽然鐵頭在前面停了下來。我一看才知道到了一個三叉路上，再走上前去看見一塊木牌上貼了一張佈告。「懸賞緝拿匪首駱鐵頭」九個紅色特大字赫然印入我的眼簾，細看內容才知道是這樣的：

查匪首駱鐵頭，原名駱中興，本省騰衝人，方面濶嘴，濃眉圓眼，右眉骨有一傷疤，左耳殘缺不全，皮膚黧黑，身材中等。該匪係一封建餘孽，本省解放後，公然反抗人民政府，逃入緬甸森林，最近一年來，常率匪衆潛伏省境，殘殺人民。茲爲斬草除根，希望各級同志及全省人民，大力捕殺駱匪，特訂賞格如后：

(一)凡緝拿駱匪歸案者，賞人民幣五千萬元。

(二)凡捕殺駱匪提頭報案者，賞人民幣兩千萬元。

(三)凡通風報信因而緝獲者，賞人民幣一千萬元。

我以爲駱鐵頭看過之後一定會把它撕下來。但他卻抽出鋼筆在佈告後面歪歪倒倒地寫了幾行大字：

王八蛋！放你娘的狗屁！如果你們能夠抓住老子一根雞巴毛，老子的頭就算是你們的！

後面還寫了「駱鐵頭」三個更大的字，寫完之後就嘿嘿地大笑起來。我看了也哈哈大笑。張佩芷先是臉一紅，隨後也忍不住笑了起來。

「鐵頭，你這樣寫會把他們氣死的。」我笑着說。

「活該！就算他老子娘白費了一夜氣力！」他說着又嘿嘿地大笑起來。

我也被他逗得大笑，張佩芷又是臉一紅，然後又吃吃地笑起來。

「鐵頭，走吧，不要真的碰着他們了。」我覺得我們幾個人站在三叉路口上不大適當，我特地提醒他。

「嘿！你不說我倒想走，你這一說我眞想等等看。」他把兩手往腰上一叉，習慣地放在槍柄上。

「不成，假使來的人多了我們可吃不消。」我說。

「眞的，我們還是走的好。」商大祥也幫我的腔。

「放心、放心，他們不會來幾百人。」鐵頭連忙搖手。

「來幾十人我們也吃不消呀。」我覺得這總不是兒戲，我們犯不着去和他們硬拚。

「他們又不知道我們在這裡，怎麼會一下子來這麼多人？」他睜着眼睛望着我然後又嘿嘿地笑：「他媽的！老子倒眞想偷他幾隻雞哩！」

從他這幾句話中我忽然發現他粗中有細。如果對方來十個八個人我們是足可以對付的，因此我也不再催他走，我們來雲南本來就是找敵人打的。但是我還是向他建議，我說我們站在路上總不是好辦法，不如先在附近找幾個好地方隱蔽起來，他同意我的建議，於是我們分別隱藏在大樹背後和石頭旁邊，鐵頭自己則蹲在木牌後面的一塊大石頭背後。

我把兩枝槍都握在手裡，張佩芷却只握着一枝，她的左手還不習慣打槍，她和我都是蹲在大榕樹後面的，我們都用眼睛向前方注視着。

這兒雖然是三叉路口，可是却很少行人，等了半天還不見一個人影，好不容易才看見一個穿得十分襤褸　老百姓低着頭匆匆走過，那塊木牌子他連望都沒有望一眼。

我望望鐵頭，他像一隻伏在地上等待老鼠的貓似的探出一點頭目不轉睛地注視着前面，他的長頭髮向下披着，眞像一個印第安人。看那樣子心裡也有點急躁。

過了許久才發現兩個軍人遠遠地走來。鐵頭馬上向我揮揮手示意不准開槍，但不知道他是什麼用意？

那兩個軍人越走越近，漸漸地我們可以看淸他們的鼻子眼睛和帽子上的紅星，走在前面的像是一個軍官，後面的像一個士兵。

他們越走越近，我們的槍也握得更緊，鐵頭又向我們揮揮手，不准我們射擊，我始終不知道他是什麼用意？

那兩個傢伙快走到木牌跟前時鐵頭迅速地把頭一縮。前面的那個傢伙忽然被木牌上的佈告吸引住，他馬上走到跟前來看，後面的那個士兵也跟着走上來。

他們站定之後鐵頭又把頭伸出去，他可以看見他們的下半身，他們却看不見他。

那個軍官邊看邊唸，最後他笑了起來。

「嘿！這傢伙眞不知死活，要是我們能逮住他眞可以發一筆財啦！」

這時我看見鐵頭忽然舉着槍縱身向前一跳，一下就跳到那兩個傢伙的面前，大吼一聲：

「老子就是駱鐵頭，王八蛋你逮吧！」

那兩個傢伙看見鐵頭這副怪樣子駭得倒退兩步。但他們到底是軍人，很快就鎮定下來，同時狡黠而迅速地掏出手槍，可是鐵頭比他們更快，他們的手還沒有舉起來鐵頭就拍拍兩槍，他們同時應聲倒地了。

我們馬上趕了過來，那两個傢伙還沒有斷氣，鐵頭又拍拍兩槍，這才動也不動了。

鐵頭馬上揷上自己的槍，去撿地上兩枝槍，他把一枝交給商大祥，一枝交給那位同來的隊員。

「鐵頭，這兩隻雞到底被你偷着了。」我[illegible]着說。

「嘿嘿！外快，外快！」他大聲地笑了起來。

隨後他又把那兩具屍首拖到木牌底下疊起來，兩手叉腰地望着他們大聲地笑罵着：「[illegible]王八蛋，逮老子的雞巴毛吧！」

第十五章 爾詐我虞心機大 如影隨形變化多

我們的行踪終於被敵人發現了。

最初跟踪我們的是兩個便衣敵探，他們化裝成樵夫，我們坐在路邊一棵大樹下休息時他們在離我們四五十公尺的地方砍柴，但我發現那两個傢伙不時偷偷地望我們兩眼，砍柴的手法又不熟練，他們一看見我望他們又都連忙低下頭去亂砍幾下，因此我心裡有點懷疑，我輕輕地碰了張佩花一下：「妳看那兩個傢伙鬼頭鬼腦的。」

張佩茳望了他們一眼也覺得情形有點不對，她輕輕地對我說：「該不是敵人的偵探吧？」

「靠不住。」我輕輕地回答。

「那我們先幹掉他好了。」她馬上掏出手槍來。

「別急，萬一打錯了人豈不冤枉？」我連忙伸手阻止。

「那有什麼辦法知道他們是眞是假？」她望着我說。

「我看我們只好快點離開，」我輕輕地對她說。「如果是眞的，他們看見我們走了一定不會再砍柴，說不定還會跟着我們來。」

「那我們告訴鐵頭好了。」她說。

「不，我們催他走就是了。」我不願意告訴他，我怕他不分靑紅皂白地先把他們打死了。行一不義，殺一無辜我是決不贊成的。

於是我和張佩茳催着鐵頭起身，他一站起來就發現山上那兩個人，他馬上說：

「他媽的！我看這兩個傢伙有點陰陽怪氣的。」

「鐵頭，別理他，我們快點走吧。」我馬上打岔。

「老子想幹掉他！」他馬上掏出手槍來。

「不要亂打，說不定是老百姓。」我迅速地攔住他。

他馬上插好槍和我們一道走了。

我走在最後，我隨時注意那兩個人的行動。他們看見我們一走，也匆忙忙地捆柴，我心裡想十成準有個八成了。

我們走了百把公尺，那兩個傢伙也挑了半捆柴下來，他們互相打了個照面就分手了，一個跟着我們來，一個向相反的方向走去。我判斷十成是敵人的便衣偵探。

我決心幹掉他，我故意把脚步放慢一點，等他走到離我五六十公尺時我忽然調轉身來拍拍兩槍，那傢伙馬上倒地了，半担柴倒在路邊。

我馬上跑過去，鐵頭他們聽見槍聲也跟着我跑過去。我在這傢伙身上搜出那張佈告和一份緝拿我們的命令來，另外屁股後面還有一枝手槍。

「王八蛋！」鐵頭駡了一句。「我一看就知道不是好東西。」

「快走。我馬上警告大家，我想大隊的敵人也許離我們不遠，剛才那傢伙一定是去報信的。

果然，我的話剛說完我就發現三十多個帶長短槍枝的軍隊和警察跑步趕來，先前那個挑柴的便衣跑在最前面，他們離我們大約三百多公尺遠。

我們馬上沿着彎曲的小山路逃跑，他們在後面拍拍地打槍，跑了五六百公尺張佩芷就有點氣吁吁了。於是我拖着她跑，這樣她可以省點氣力，但因爲我跑得很快，她有點踉蹌，有好幾次她幾乎栽了下來。

後來在一個轉彎的地方我們發現了幾塊大石和幾棵大樹，我們就隱蔽下來，一方面休息，一方面準備給敵人一個迎頭痛擊，我們五個人一共有十一枝手槍，只有張佩芷單手打，我和鐵頭四個人都能用雙手射擊，所以實際上我們等於九個人作戰，吃虧的是手槍的射擊距離比步槍短，但我們決定敵人不跑到射程以內決不開槍。

我們在轉彎的地方突然隱蔽下來敵人完全沒有料到，他們以為我們還是沒命地奔跑，因此他們也發狠的追趕，還不斷地開槍，他們三十幾個人擠在一條山路上顯得很擁擠，等他們氣吁吁地跑到離我們三四十公尺的距離時我喊聲幹，九枝槍同時拍拍地射了出去，敵人一下就倒了十幾個，有的是中槍倒地，有的是被倒地的人絆倒的。我們第二發子彈射出去時又一連倒了六七個，這下他們更慌了，一邊是高山，一時爬不上去；一邊是陡坡，跳下去也是死。在他們喊叫亂做一團時我們又連續射出了一二十發子彈，又倒了六七個，剩下的還不到十個人，但這時他們都伏下來了，有的用石頭掩護，有的利用屍體向我們射擊，這時我們的膽子更壯了，反而停止射擊，鐵頭忽然嘿嘿地大笑起來。

「你們不要動，讓我來打靶。」他向我們裂開大嘴笑。

那十來個傢伙看見我們停止射擊膽子也大了起來，他們射擊得可頂有勁，子彈從我們頭頂嗤嗤地飛過去，射在樹幹上就嵌進去了，射在石頭上就冒出一顆顆火星。

「為什麼還不打？」過了一會兒張佩芷有點急起來，她這樣輕輕地問我。

「別急，再打他們就死光了，那多沒有意思？」我笑著說。

「這種時候你還開玩笑！」她白了我一眼。

「先前不能開玩笑，現在可以休息了。」我拍拍她的肩頭。先前他們的人太多，我們不能不跑，現在只有比我們多不到一倍的人，雙方的火力又相等，而且他們的射擊技術又遠不如我們，我們的掩體又百分之百地可靠，我們可以打着他們，他們却很難打着我們，我們爲什麼不輕鬆一下呢？何况天色已經不早了，太陽已經下山，他們再來多少人我們都可以在黑夜中脫身的。至於這幾個傢伙我們高興什麼時候解決他們都可以，實在不用着急。

「無論怎樣我們不能大意呀！」她眼睛望着前面提醒我一句。

「不會的，妳看鐵頭的那對眼睛。」我指着鐵頭說。她馬上把頭縮下來望了他一眼，鐵頭一隻腳跪着一隻腳蹲着蹲在一棵大樹幹的後面，眼睛睜得像一對銅鈴似的。

「他的眼睛眞有點怕人。」她回過頭來向我一笑。

「若[illegible]就逃不過他這對眼睛。」我也向她一笑。

子彈不停地從我們頭上噓噓地飛過去，我稍微伸出一點頭來向前面一望，看見一個傢伙把頭梢稍一抬，準備瞄準我開槍，但鐵頭拍的一聲射出了一顆子彈，那顆腦袋就開花了。

這以後他們有好幾分鐘不敢抬頭瞄準，只是埋着頭盲目射擊，鐵頭看了不嘿嘿地笑[redacted]。

忽然我看見一個傢伙在摸手榴彈，他的身子動了一下，我正準備射擊，可是鐵頭的子彈已經飛出去了，那傢伙哎喲一聲，手榴彈就滾到旁邊去了，保險蓋還沒有打開哩，不然他們統統見閻王了。

這時我注意到他們的人數，我數了一數，現在活的只剩七個了，那個便衣偵探死得最早，屍體都快僵硬了。

「現在只有七個了。」我縮下頭來碰碰張佩芷輕輕地說。

「我們還是快點把這幾個傢伙解決吧，」她望着我說。「你看天色不早了。」

「讓鐵頭一個人去過癮吧。」我向她笑笑。

「你不打我可要打。」她馬上伸出一點頭來。

我看她伸出頭我也伸出頭，一顆子彈恰好從我們中間噓的一聲擦過去，我迅速地把她往下一拉，她可光起火來。

「別扯，我非打死他不可！」她把頭一扭，牙一咬，又伸了出去。

隨後我聽到拍的一聲槍响，鐵頭又嘿嘿地笑了起來，還大聲地讚賞：「這一槍打得好，這一槍打得好。」

張佩芷縮下頭來笑着對我說：「現在只剩六個了。」

我正想伸出頭去，但鐵頭又拍的一聲放了一槍，隨後又嘿嘿地大笑。

「我看用不着我了。」我笑着坐下來。

「現在只有五個，正好一對一。」她也笑着坐下來。

「嘿，天黑了，我們一齊幹掉他。」鐵頭忽然向大家說。

我和張佩芷同時伸出頭來，我看那五個傢伙身體都在動，我還以為他們準備向我們衝鋒，但他們一爬起來就調轉身往後跑，我們拍拍拍射出幾顆子彈，有四個人馬上栽了下來，其中一個則一拐一拐地繼續向前奔跑，鐵頭還想追上去結果他，我勸他不必追趕，讓他留着一條命去報個信兒，這對於我們也許很有幫助。

我們因為打了三四十分鐘，消耗了幾十發子彈，大家都趕過去找子彈補充。在十幾排手槍子彈帶中我們選擇了三排合用的，這比我們所消耗的要多好幾倍了。

手槍我們有很多，一枝都沒有要，只解下十幾顆手榴彈，另外揀了兩枝最好的步槍，解下了兩排步槍子彈，其餘的槍枝子彈統統摔到山下去了。

最後我們清點了一下屍體，一共是三十四具，連先前我打死的那個敵探在內就是三十五具了。

「這次他們可嚐着了味道。」我[illegible]說。

「[illegible]！真他媽的送上門來的生意。」鐵頭又笑了起來。

第十六章 趕夜路擔心吊膽 真意外猛虎隨行

現在我們摸夜路了。鐵頭領着我們向猛猛摸着走，他說那邊有一三兩組的人，如果集合起來有二十多個，足可應付一個像今天這種局面的戰爭。

因為沒有月亮，天很黑，山路又狹，很難走，幸好我們每個人都帶了一筒手電，可以輪流照着走，但爲了謹愼起見，還是儘量避免使用它。走這種夜路就全憑經驗，路熟，所以由鐵頭領先，爲了掩護大家我又走在最後了。

大家高一脚低一脚地行走，後面的人常常碰着前面的人，有好幾次我就踏着張佩芷的脚跟，她總是回過頭來輕輕地對我說：

「小心點嘛。」

無論怎樣小心也還是會彼此相碰，她也有幾次踏着商大祥的脚跟，商大祥雖然不作聲，她自己却輕輕地說：「眞要命！」

這種路眞不容易走，不能走得太快，走快了怕碰着前面的人，也不能走得太慢，走慢了又怕掉隊。鐵頭常常在前面叫我們，一聽他走遠了我們就連忙趕上去。他是最會走路的人，白天走起來更快，簡直像跑，一天走個一百二十里毫無倦容，夜晚走得也不算慢，每過十分二十分鐘他總要叫我們一兩聲，好使大家趕上去。

在我們急忙趕路的時候張佩芷忽然踹着一個圓滑的鵝卵石子，脚底下一滑，全身的重量失去了平衡，馬上摔倒了，我聽到哎喲一聲馬上把手電捻亮，她已經跌下山坡一丈多遠，如果不是一棵樹攔住她，那可能滾到幾十丈深的山谷裡去。我看見她睡在那棵樹的旁邊不動，我連忙滑下去拉她。

「摔傷了沒有？」我輕輕地問她。

她不作聲，儘摸大腿和臀部，我忍不住笑了起來。

「這樣笑吧？」她馬上瞪我一眼。「人都差點摔死了！」

我又忍不住笑起來。

但當我看到她臉上有血時我馬上停住笑，我生怕她頭部受了重傷，我用手輕輕地替她揩去血跡，才知道傷並不重，只是擦掉了一層皮，我馬上從圍裙裡掏出一瓶紅葯水來替她塗抹。

現在我下是下來了，但怎樣能和她同時上去呢？坡很陡，又缺少可以經得起兩個人同時攀拔的樹枝藤蘿。這時鐵頭商大祥早已捻亮電筒圍了過來，但離我的上下有丈把遠，我忽然看見商大祥揹的那桿步槍，我叫他伏在地上把槍伸下來，用力抓緊，鐵頭怕他一個人不行，也伏在地上伸出一隻手來抓着槍柄，我馬上用右手瞄準星抓住，然後叫張佩芷抓住我的衣服，這樣我們才慢慢地爬了上來。

張佩芷爬上來之後試走了幾步，腿有點拐，我叫她多揉幾下，這樣也許會好一點。

她揉了幾分鐘再開始走路，仍然有點拐。我問她能不能走，她皺着眉點點頭。

「要是剛才遇着共產黨那真要被他們捉活的。」我想想都好笑。

「可不是？那叫我怎麼打呀？」她也好笑。

「妳不能打我也不能打嗎？」鐵頭粗聲大氣地說

「當然，你一個人抵我好幾個嘛。」張佩芷先向他一笑，然後又向我一笑。

「別說廢話，我們走吧，路還遠咧。」鐵頭把手電一捻又領先走了。

張佩芷也一拐一拐地跟着走了。現在她把手電照着路，一下不放熄滅，有時叫我把手電捻亮，照在她的前面，如果她再摔一交那我們只好抬她了。

「痛嗎？」走了一段之後我輕輕地問她。

「不大好受。」她搖搖頭，我這才注意到她的頭髮非常散亂，簡直像一個瘋婦。

「我看妳還是把它剪短些吧？」我向她建議。我覺得她的頭髮太長，現在已經拖到肩上，這樣蓄固然很美，可是打起游擊來總不大方便，剪得愈短愈好。

「鐵頭都不剪我為什麼剪呢？」她反問我。

「妳也想留到昆明去剪嗎？」

「有這種打算。」

「再長可就不方便哪！」我們雖然天天想打回昆明甚至收復整個大陸，可是事情到底不是那麼簡單，如果她再這樣留下去那真太不方便了。

「我會把它紮起來。」

「是梳道士頭還是紮綹綹呢？」

「隨便。」

「那就復古了。」

「現在我們的生活不已經倒退幾世紀嗎？」

真的，這句話忽然提醒我，我們看不到電燈，看不到汽車，看不到抽水馬桶，看不到報紙，看不到畫展，喝不到咖啡，聽不到音樂。住的是草棚，吃的是糯米糰子還用手抓，有時還得啃芭蕉心野菜，我們過的簡直是原始人類的生活。我是軍人，吃苦自然應該，像她原是一位嬌滴滴的小姐，現在也過着這種生活，這真是共產黨的傑作啊！

「希望我們能夠再到文明的世界。」我[illegible]她說。

「讓所有的人都過文明的生活。」她隨聲應和。

「希望白夷，倮倮，都能住洋房，坐汽車。」我覺得這些少數民族的生活實在太落後，石中玉副司令曾經同我談過幾次，他希望能夠提高他們的文化水準，他說他準備用畢生的精力來奮鬥，希望政府和我們漢人協助他，我也希望這些善良的民族能夠過更好的生活。

「對。」她十分清脆地說。

原先我還以為她是為了報仇，想不到她還有這種理想？她的大學教育總算沒有白受。時代考驗個人，如果她不遭受毀家之痛，她也許想像不到白夷倮倮是怎樣生活的？

我們一路走一路談着，鐵頭每隔一、二十分鐘就喊我們一兩聲。他在急急地趕路，我們的注意力也完全集中在前面，忽略了後頭。

不知道是一種什麼預感，我忽然回頭向後面望了一眼，這一下使我大吃一驚。我發現兩隻黃澄澄的眼睛在我後面三十公尺的地方向我慢慢地移動，我把電筒向牠一照，牠馬上停住不動，細看之下才知道牠是一隻兩三百斤重的老虎，不知道牠是什麼時候跟着我們的？如果牠不聲不響地從後面向我撲來，那我早就完蛋了。

現在我除了先下手之外還有什麼辦法呢？我不敢驚動大家，我馬上掏出手槍向牠射了一顆子彈，牠唔的一聲向我撲來，我又射出第二顆第三顆子彈，直到衝到我面前一公尺的地方牠才應聲倒了下來，張佩芷看見馬上尖叫一聲，大家都提着手槍圍攏來，我已經滿頭大汗了。

「好險！好險」張佩芷的臉都蒼白了。

我先走過去用手電在牠身上到處照射，發現牠中了三顆子彈，一顆在左腿，一顆打中了耳朵，一顆直穿腦袋，這大概是最後一顆，不然牠不會倒下來。這傢伙眞厲害，氣雖斷了，眼睛還張開着。

「今天你算撿了一條命。」鐵頭向我說。

「你怎麼早不對我說？」我奇怪他怎麼不早提醒我說這山上有虎。

「嗨！我也只顧前面，沒有想到後頭。」他抱歉地說。

「假使我們不是人多又有手電，他也許早撲了上來。」商太祥說。

「眞他媽的，一方面要對付共產黨，一方面還要對付老虎。」鐵頭憤憤地說。

「你嚇着沒有？」張佩芷握着我的手輕輕地問。

「要不是當了這麼多年軍人也許早就嚇暈了。」我說。現在我的心還在跳，共產黨再兇我也不在乎，這傢伙半夜裡從後面跑來那多出乎意料之外啊！

「嗨呀，我們還是快點走吧。」鐵頭說着又領先走了。

現在我不但向前看，還隨時向後看，我再也沒有心思和張佩芷談話了。直到到達猛猛附近時我的心才完全定下來，天也漸漸亮了。

第十七章 漆黑夜身陽重圍 同林鳥各自分飛

在猛猛附近，我們先和第一組的隊員會面了。鐵頭一面吩咐組長派人通知第三組的隊員們夜晚來開會，一面要他派人在附近各地嚴密地戒備。

經過這幾天的緊張生活和一夜的跋涉，我們都很疲倦，胡亂地吃了一頓飯之後就預備睡覺。張佩芷一連打了幾個呵欠，她的臉色顯得有點憔悴，身體也嬌若無力，這時你就可以看出女人到底是女人了。

「你不疲倦嗎？」她輕輕地問我。

「還好。」我說。我自然也覺得疲倦，不過比起她來是要好一點的。

「我還得向你學哩。」她向我甜蜜地一笑。

「我還得向鐵頭學啦。」我也向她一笑。我覺得在這方面我實在不如鐵頭。

「你什麼時候學會了客氣？」她微微睜開眼皮盯我一眼。

「這是老實話。」我說。

「老實？嗯，你倒也是有一句說一句。」她點點頭然後向我粲然一笑：「不過有的時候你也很調皮。」

我也莞爾一笑，我實在佩服她的眼力，她好像看穿了我似的。

「別談吧，妳還是早點休息。」我不願她再消耗精力，我扶着她向隔壁小房間走去。

在房門口她突然站住，握着我的手：「你也去睡吧，鐵頭已經睡着了。」

我側耳一聽，鐵頭的呼吸很勻均，他躺下去大概還不及兩分鐘呢。

「他眞了不起。」我由衷地佩服，他這種能耐眞不容易。

「他不像你有那麼多的心思。」她向我嫣然一笑。

「妳也和我一樣。」我輕輕地說。

她笑了，我也笑了。

然後她輕輕地拍拍我的臉，輕輕地把我一推，又輕輕地把門關上了。

我回到房間裡來，仰身躺在竹板床上，半天睡不着，鐵頭睡得很甜，我則翻來覆去，我睡的房間和張佩芷的房間只隔一層板壁，起初我聽不出她房裡有什麼動靜，我以爲她一躺下去就睡着了。後來我忽然聽見一種指頭輕彈板壁的聲音，我馬上把耳朵貼近去聽，我聽見她在那邊輕輕地說：

「乖乖地睡，乖乖地睡。」

「我很興奮，我很興奮。」我也輕輕地回答。

「別太興奮，別太興奮。」

「因爲我們太近，太近。」

「你又跳皮？」是一種輕微得幾乎聽不見的責怪聲音，我可以想見她那兩片薄薄的嘴唇一定在微微嘟着，兩條淸秀的眉毛一定在微微縐起。

我再聽下去就聽不見任何聲音了，我輕輕地叫她幾聲她也沒有答應，以後我就帶着一種輕微的悵惘迷迷糊糊地睡着了。

等我一覺醒來時太陽已經落山了。

「怎麼這樣貪睡？」她站在我面前調侃地說。

我不知道她怎麼進來的？我一看鐵頭也起來了，床鋪是空的，也許是她把我叫醒的吧？

「是妳把我叫醒的？」我睜着眼睛問她。我忽然覺得她的容光煥發，臉上已經沒有一絲倦容，大概她也睡了一次好覺了。

「嗯。」她點頭微笑。

「擾人淸夢，該當何罪？」我笑着說。

「夢見老虎還是獅子？」她俏皮地說。

「不，夢見一位非常聰明美麗的女郎。」我望着她笑。

「朗英嗎？」她嘴角馬上浮起一絲揶揄而又微帶妒意的微笑。

「妳不提起我倒沒有想到哩。」我搖搖頭。這幾天來生活這樣緊張，她又時刻在我身邊，我實在沒有想到朗英。剛才我倒正夢着和她親親愛愛而且準備結婚哩。

「裝得眞像。」她把頭微微一扭。

「良心話。」我實在不是說謊。

「你有幾顆心？」她盯着我狡黠地說。

「全身上下僅此一顆。」我指着自己的胸口說。

「你這顆心的用處可眞不少？」她又狡黠地說。

「嗯，愛國還要愛民。」我點點頭。

「國家不小，人類更多，你愛得了？」

「任憑弱水三千，我只取其一瓢而飲。」我借用了賈寶玉這句名言。

「喲，想不到你還是一位多情種子嘛？」她忍不住笑了起來。

「對國家赤胆忠心，對愛人始終如一。」我也忍不住笑。

「油嘴！」她笑着白了我一眼。

「吃糯米糰子喝南瓜湯那兒來的油水？」我昂着頭問她。

她噗哧一聲笑了起來。

「妳眞會尋我開心？」我故意瞪她一眼。

「我好意叫你起來，誰尋你開心？」她艾怨地白了我一眼。

「鐵頭呢？」我指指鐵頭的空床說。

「他正等你吃飯。」她說。

「他真行。」我由衷地讚賞。

「他很有規律。」她補充我的話。「吃飯，睡覺，打[redacted]。」

「就是不懂戀愛。」我笑了起來。

「他沒有你這麼壞。」她也笑了。

現在天都快黑了，我不敢和張佩芷再胡扯，我怕鐵頭等着生氣，[redacted]，走了出去。

鐵頭一看見我就大聲地說：「[redacted]你真會睡。」

「如果她不叫我睡到明天天黑我也不會起來。」我[redacted]說。

「[redacted]你這樣睡他媽的共[redacted]捉活的。」他張開大嘴巴笑了起來。

「共[redacted]捉去了一定剝他的皮！」張佩芷望着我挑釁地笑着。

「妳怎麼知道？」我瞪了她一眼。

「那可是真的，」商大祥接着說。「[redacted]對我們游擊隊就這樣不客氣。」

「[redacted]！那天老子抓着了他們也來剝[redacted]皮。」鐵頭大聲地說。

「那太殘忍。」我不贊成。

「你以爲我殘忍？」鐵頭指着自己的鼻尖說：「他媽的共產黨比我駱鐵頭還要殘忍一百倍啊！」

「最好我們不要學他。」我[redacted]地說。

「老子可要報復！他們怎樣幹老子也幹給他們看！」他把袖子往上一捋。

「那沒有意思。」我說。

「[redacted]的那才過癮。」他大笑起來。

我不再說什麼，我低下頭來吃飯，[redacted]大家也動手吃飯。

吃過飯之後天完全黑了。一會兒第三組的隊員們統統來了，他們是從雙江附近趕來的。

鐵頭馬上舉行十個會議，首先由一三兩組的組長報告他們的工作情形，他們說兩三個月來捕殺了五百多敵人，幾乎每天都有接觸，最近敵人非常注意他們，時常派隊追擊，幸好沒有死傷，最後他們勸鐵頭自己特別注意，尤其是敵人的便衣。

「大隊伍我都不怕還怕什麼便衣？他們是便衣我不是便衣？」他不以爲然地說。

「他們有人認識你。」第一組的組長說。

「哼！他認出我駱鐵頭時我早就送掉了他的狗命。」他自負地說。

接着他就把這幾天所做的事情告訴了他們，同時指示他們一個原則，遇到敵人的大部隊時就化整爲零，人數愈少愈好，遇到一二十人的小部隊就兩組聯合起來吃掉他們。

最後我問一般民心怎樣？他們說百分之八十是反共的，百分之十五是中立的，只有百分之五是擁護共產黨的。我又問這百分之五的少數份子是那種人？他們異口同聲地說都是好吃懶做又無恒產的地痞流氓，但現在已經變成有產階級了，這些產都是從別人手中奪過來的，他們說這是勝利的果實，所以這班人要跟着共產黨走，做他們的狗腿子，[illegible]老百姓都痛恨他們。游擊隊員更不用說，因為他們的行動十次總有八次是這班傢伙報告的。

正在我們商量次一次行動時，一個突擊隊員忽然匆匆地跑進來報告說是大約有一連敵人正向我們包圍，請趕快準備突圍。

我和鐵頭商量決定不打硬仗，先分三組突圍，找敵人最弱的一環集中火力衝出去，向指定的地方集合，好在是黑夜，敵人不大容易瞄準我們。

我們三組人分向三組不同的方向悄悄地摸出去，這樣可以分散敵人的注意力和火力，如果敵人不開火時我們決不先開火，能够不聲不响地溜出他們的火網那是最好了。

張佩芷緊緊地跟在我的後面，我們的心情都很沉重，我們知道這可能是一次生離死別，說不定衝散，說不定打死。

「早晨你說過我們太近，現在我覺得我們太遠。」她輕輕地對我說。

「現在我們不是更近嗎？」我摸摸她的手輕輕地說。

「如果槍聲一響我們也許會隔一個世界？」我發覺她的話充滿了感情

「別想那些，我們不會分離。」我安慰她。

此刻大地像死樣的沉寂，沒有一點光亮，沒有一點聲響，我們都是彎着腰弓着背，踏着貓樣的腳步，我們知道敵人正在黑暗中睜大眼睛搜索我們，如果發現一點聲響，就會飛來一連串的子彈。

忽然我看見敵方手電一亮，接着拍的一聲，以後就劈劈拍拍的打起來。敵人的火力都向那邊集中射擊，當時我發現了敵人的一個破綻，在東南方的火力最弱，於是我和鐵頭喊了一聲：「衝！」大家一面開槍一面衝。當時大家的眼睛都在注意敵人，誰也顧不了自己人了。

鐵頭和我跑得最快，敵人調轉槍向我們射擊時我們已經衝過了包圍綫，我相信已經打死了他們幾個人，但在流星般的彈光中我發現其餘的人統統沒有衝出來，張佩芷和商大群都在敵人的包圍圈內，我不知道她是什麼時候和我分散的？大概是一時敵人火網太密，他們中途停頓下來了。

我和鐵頭雖然衝出了包圍線，但我們還是繼續向敵人射擊，我幾次想衝上去援救他們，但是我們到底只有兩個人，火力實在太弱，能夠衝出來已經萬幸了。

這時向北方突圍的那一組人也和敵人接觸了，戰事正分三處激烈進行，我和鐵頭也在包圍線外向敵人射擊，我們總想給商大群張佩芷他們一點支持。但想不到敵人非常狡猾，大概他們判斷我們只有兩個人，他們派了四五個人過來狙擊。當我們向前面射擊時兩顆子彈卻從右面嘘嘘地飛了過來，我和鐵頭急忙伏在地上，恰巧左面又嘘嘘嘘地飛來三顆子彈，我知道敵人正分兩面向我和鐵頭包抄。於是我和鐵頭也分兩面應戰，他對付右面的敵人，我對付左面的敵人，當我開始向敵人還擊時鐵頭已經打了兩槍，同時我聽到「啊」的一聲，我猜想他已經打中了一個敵人。因此我也連續射出三顆子彈，馬上聽到「哎喲」一聲，但是對方也馬上射來兩顆子彈，我又連續打了幾槍，又聽到「啊」的一聲，以後就再沒有聲響了。

「怎樣？」我輕輕地問鐵頭。

「幹掉了！」他說。

此刻三處戰事打得仍然激烈，我本想再打一會，希望把張佩芷商大祥他們救出來，但鐵頭却把我一拉，要我馬上脫離火線，他倒不是怕現在這些敵人，他是顧慮大隊的敵人再來增援，而我們是一個人也增援不上，現在能夠脫離戰場就脫離戰場，以後再找機會報復，我知道他比任何人都重要，如果敵人抓住了他那後果是不堪設想的。

我懷着萬分沉痛的心情跟着他向北面的山地急走，我的眼淚一顆顆地滴下來，我不知道張佩芷現在究竟怎樣？這許多天我們一直共着患難，早晨我還隔着板壁跟她調笑說「我們太近，太近」，現在我們却又太遠，太遠！也許正如她剛才說的我們真會隔一個世界？這對於鐵頭也許不算什麼，對我却是一種刻骨的創傷。如果不是鐵頭和我走在一塊，我真想大哭一場，真想向黑暗狂呼：

「佩芷妳在哪裡？佩芷妳在哪裡？」

第十八章 生死不明心不寧 絕處逢生啼笑非

但是不管我的心情怎樣沉痛？直到天亮還是沒有會着張佩芷，而且毫無消息。從西面和北面突圍的隊員們都先後來到了，除了有三個負傷之外沒有什麼損失，只有我們從東南面突圍的這一組人除了我和鐵頭外一個都沒有出來，難道他們都被俘了嗎？或者都戰死了嗎？如果張佩芷被俘了我一定要去搭救，如果她戰死了我也要找回她的屍首。無論是活是死我都不願讓她被敵人侮辱，她也決不甘心受敵人侮辱。我要去，我要到昨夜開火的地方去，也許在那裡能夠找着她的屍首？

「你瘋了嗎？他們會抓住你的！」鐵頭一把抓住我不讓我出去。

「我要找他們拼！」我大聲吼叫着。

「他們會剝你的皮！」鐵頭瞪着我。

「你怕死我可不怕死！」我頂撞他，我簡直有點生氣，他平常那麼勇敢，勇敢得簡直有點魯莽，現在却忽然膽怯起來，這種突然的轉變使我覺得非常意外。

「嘿嘿！你以為我是一隻豬？」他大笑着。「蠢得會去送死！」

我被他這兩句話怔住了，但我還是質問他：「你不應該逃避！」

「你以為我逃避？」他睜大眼睛瞪着我：「山裡的老虎遇着平地的狗牠也懂得退步。」

我也睜大眼睛望着他，也許我的眼睛睜得比他更大？我覺得這種話應該是我向他說的，不應該是他向我說的。我一時糊塗起來，我不知道是他變了還是我變了？

「你變了！」我突然狂叫起來。

「嘿嘿嘿！」他大笑起來。「我才沒有變，是你被張佩芷迷住了心竅啦。」

「你能見死不救嗎？」我理直氣壯地說。

「嘿嘿！你以爲我這樣沒有良心？」他又笑了起來，忽然在我肩膀上一拍：「我告訴你，他們不會打死的！」

「你怎麼知道？」我奇怪地問。

「憑我的經驗，」他泰然地說。「老油子是打不死的。」

他這句話忽然提醒了我，憑我十年來的作戰經驗老兵是不容易打死的，打死的都是初上戰場的新兵，而鐵頭這些老部下不但槍法好，胆量大，而且都是身經百戰的老戰士，尤其能適應這種游擊戰爭。

「張佩芷可不是老兵哪！」我仍然有點不放心。

「嘿嘿！」他又大笑起來，同時在我肩上一拍：「放心，她這隻母老虎可比誰都聰明。」

我第一次聽見他叫她母老虎我也被他逗得笑了起來。同時我覺得他的眼力也不算壞，張佩芷的確是一個聰明絕頂的女孩子，她既然能從共產黨手裡逃到游擊區來，大概也能從戰場上逃出死神的魔掌吧？

但是我還不放心，我要求鐵頭派幾個精幹的隊員同我出去尋找，他考慮一下之後馬上把胸脯一拍：

「好吧！我拼着這條命陪你去一趟。」

爲了加强實力，我們還選了三位槍法最好，胆量最大，體格最强的隊員一起行動，每人都有兩枝槍、兩顆手榴彈，這個臨時突擊小組的陣容相當堅强。

我們出去時太陽已經起山，空氣非常淸新。走了幾里路還不見一個人影，張佩芷究竟在什麼地方？是活是死？我非常掛心。這時我有一個希望，即使找不着張佩芷也希望能碰着敵人，不管他們人多少，我一定要同他們拚，我不看見敵人在我的槍彈下倒下我死也不會甘心。我眼睛裡冒火，心裡熱血沸騰，如果有一面鏡子我一定看得出我自己可怕的面形。

走着，走着，忽然在一座懸崖面前我發現了一堆人，有的一隻脚跪着，有的伏在地上，都向一個崖洞戒備着，這不是張佩芷他們，正是我想碰着的敵人，數目大約一排左右。

我和鐵頭他們馬上把身子一隱，這時我們距離大約八九十公尺。我不准射擊，我主張先用手榴彈，鐵頭也同意，於是我領先向他們爬，沿着草叢小徑向他們爬，爬到四十公尺左右我突然站起來向他們中間摔了一顆手榴彈，鐵頭他們也接着投了幾顆，轟轟幾聲之後繼之哭叫，死的死，倒的倒，他們完全措手不及。而這時崖洞裡面忽然拍拍拍地向他們射擊，我們的子彈也嘘嘘嘘地飛過去，裡外兩面夾攻，這些該死的傢伙很快地就消滅了。

我們很謹愼地走過去，我們不知道洞裡是什麼人？他們還在繼續向外射擊，我和鐵頭大聲地喊：「不要打，不要打！」

忽然洞裡有一個披頭散髮的女人衝出來，這不是別人，正是張佩花。她一看見我就伸開雙臂向我身上一撲，我把她緊緊地抱住，彷彿抱住整個的世界。

接着有七個隊員走了出來，商大祥被兩個隊員攙着，他負傷了，傷在右腿，褲子紅了，現在還在流血。鐵頭問他傷勢怎樣？他說幸好沒有打中骨頭。

據他們說他們昨夜突圍後敵人就緊追不捨，沿途邊打邊逃，直到天亮時他們才發現這個崖洞，於是大家迅速地躲了進去。這個洞進口不大，裡面能二三十個人，他們在裡面可以看見外面的敵人，外面的敵人卻不能看見他們，雙方斷斷續續打了將近兩個鐘頭，只有商大祥一個人受傷，敵人打死了好幾個。後來敵人索性不打，看樣子是採取圍困的辦法，因爲他們聽見敵人說：「餓死他們！餓死他們！」這實在比打更可怕，只要圍上三天他們準沒有氣兒。衝出去也是死，那麼多槍對準洞口，有什麼辦法？

「要是你不來我們準死。」她輕輕地對我說。眼裡閃着熠熠的淚光。

「我先以爲我們已經隔了一個世界。」我在她耳邊輕輕地說。

「這次也算是死裡逃生。」她感慨地說。

「死的是他們不是我們。」我指着那一地東倒西歪的屍首說。

她欣慰地一笑。

「嘿嘿！」鐵頭[illegible]着我們說：「如果不是他硬要來找妳我真後悔不及啦。」

「這些傢伙眞狠！」張佩芷[redacted]地瞪了那些屍首一眼。

「[redacted]現在可爬不起來了。」鐵頭望着屍首[redacted]說。

我和張佩芷[redacted]。啼笑皆非。

這次我們算是打了一個意外的勝仗，我眞高興我把張佩芷找了回來。

第十九章 路鐵頭瀾[illegible][illegible]洗澡 張佩芷岸邊焦急

我們派人把商大祥和另外三個受傷的隊員送回基地之後就決定次一行動。先派隊員赴雙江耿馬偵察敵情，同時要他們和其他各組聯絡，我們準備集中雙耿兩縣的隊員們選擇一個有利的時間和地點向敵人作一次較大規模的突擊。

隊員們統統出去之後，我和鐵頭張佩芷三個人一面籌劃如何突擊，一面等候各地傳遞來的情報，間或也出去打[redacted]獵。[redacted]

我們隱藏的地方是在怒山山脈的崇山峻嶺中，離瀾滄江不遠，這是游擊隊最理想的活動地區，也是打獵最好的所在。一天中午我們三個人打獵之後就跑到瀾滄江邊去玩了一趟。

瀾滄江的水湍急地流，在兩面高山之中奔騰而下。孔夫子說「逝者如斯夫不舍晝夜。」這句話用在這兒確是一個很好的寫照。

「你看它流動得多急多快？」張佩芷坐在一塊大石上雙手抱膝蓋說。

「這很像我們的生活。」我說。

「應該說我們的生活像它。」她馬上修正我的話。「你看那麼多的高山都阻不住它。」

是的，它是從西康來的，流到我們這兒已經不知道經過多少高山了。

「因爲它想回到老家。」我說。

「它哪兒有家？哪兒是它的老家？ 她睜大眼睛望着我。

鐵頭看見我和張佩芷坐在一塊兒聊天他就單獨跑到江邊去，他望着那一江水彷彿有無限的喜悅。起先他用手捧了兩捧水漱口，隨後就把上衣一脫，我以爲他是擦擦身子，這幾天也實在太髒了。但後來他連褲子也脫掉，我知道他是要游泳了，但是瀾滄江的水流很急，下去非常危險，因此我連忙喊：

「游不得！游不得！」

但是他已經撲通一聲跳下去了。過了四五分鐘還不見浮起來，我心裡很急，我以爲這一次他準完蛋了，不死於共產黨的手卻死於瀾滄江，這多冤枉？張佩芷更急得嘴唇發白，攀着我的肩頭直搖：

「你看怎麼辦？你看怎麼辦？」

我也沒有主張，要是在長江我一定會跳下去把他救起來，但是瀾滄江這樣急的水我有什麼辦法挽救他呢？

「沒有辦法，沒有辦法。」我連連搖頭嘆息。

「這樣我們不是看着他死嗎？」她簡直要哭起來。

我一時無話可說。要是共產黨把他抓去了我一定會衝過去拼命，但是瀾滄江把他吞下去了我可不能喝乾瀾滄江的水呀！現在我們唯一能做的只有等在這兒打撈他的屍首，但這件工作都不一定能夠完成，就是浮起來也不知道是在下游什麼地點？決不會仍然在原處浮起的。

「這眞是一個悲劇。」我也十分悲傷。商大祥打傷了，鐵頭一跳下去又許久不見起來，十成是完蛋了。三個人現在只剩我一個人我還能打什麼呢？而且所有的突擊隊員都是他的老部下，我還有很多不認識，我怎麼能指揮他們呢？只要鐵頭在，他們兩百多人就是一體。任何敵人也打他們不散，鐵頭一死，那就羣龍無首了。我不能領導他們，張佩芷更不能領導他們。我和張佩芷這次來可以說等於白費，老長官的苦心也完全白費了。

「嗨！起來了，起來了！」張佩芷忽然驚叫起來。

我睜大眼睛一看，鐵頭眞的起來了，在江中間起來了。但我還以爲這只是最後的掙扎，偶然衝出水面來，我曾親眼看見過好幾個被水淹死的人，他們在臨死之前要衝出水面來好幾次的，其中有一兩次衝出來的部份尤其多。現在鐵頭是不是這種情形我還不敢確定，直到我看到他把頭左右擺了幾下我才完全放下心來：

「意外，這眞是意外。」我非常驚奇地說。他在水裡大約停了五六分鐘，氽了一百多公尺，現在又齊肚臍浮在水面，用兩隻脚踹水，眞是一個水怪。

「鐵頭眞了不起。」張佩芷[illegible]地說。

「我看他就只不能飛。」我說。他在陸上一天能走一百多里，在水裡一次又能泳過[illegible]來分鐘，眞是一個入水能游出水能跑的兩棲動物。假如再長上一對翅膀那就可以上天了。

「假使他多唸幾年書那就更好了。」她說。

「妳看，他游得多快？」我指着鐵頭說。

他在水面上游像一葉輕舟，整個背脊都露在外面，他游動時發出一種嘩，嘩，嘩的水聲，兩邊分出兩條深深的浪糟。

「你能游嗎？」她忽然扭過頭來笑着問我。

「妳允許我冒險？」我反問她。

「不，我不過問問你。」她深情地一笑。

「游過一條長江大概還沒有什麼問題。」我說。

勝利後那年我曾經從武昌游過漢口，第二年我又從南京下關游過浦口，但那江面雖寬，水流却甚平暢，不像瀾滄江流得這麼急，而且還有很多迴流，轉成一個個漩渦，那是非常危險的，我先前不敢去救鐵頭就是這個原因，我認爲這是毫無把握的冒險，如果兩個人都白白死掉那是沒有意義的。但鐵頭現在居然無恙我認爲這就是他比我高明的地方。

現在鐵頭快游到岸邊了，距離他下水的地方大約有五十公尺，如果不是游得快最少要流下兩三百公尺寬。

他游到岸邊時並不上岸，因爲岸上都是嶙峋的亂石。他沿着岸邊奮力向上游，岸邊的流速沒有江中間大，但他還是游了十來分鐘才游到原來脫衣服的地方。

他一上來張佩芷忽然把眼睛一閉，迅速地把頭埋在我的懷裡。我不禁哈哈大笑起來。

「怎麼，這樣大的人，還害羞？」我[illegible]。

「鐵頭就是有點粗野。」她馬上坐起來，臉上仍然殘留着一種少女的紅暈。

「因爲我們現在並不參加雞尾酒會。」我笑着說。我們也確實是過着原始人類的生活，鐵頭和她都披着長髮更有點像野人，我的頭髮也長了亂了，鬍鬚也有個月沒刮，如果再過一年半載不刮，那一照鏡子連自己都會不認識自己了。

她看着自己的頭髮披在肩上，衣服也破了好幾塊，一雙破皮鞋底面都快分家了，正用棕繩綁着，她自己也不覺失笑起來：

「唉！眞不像話，以前要是這個樣子打死我也不出門的。」

「現在妳却滿山遍地亂跑了。」我望着她說。

鐵頭已經穿好衣服走了過來，她的頭髮還是水淋淋的，他還沒有走到就對我們大聲地說：「喂喂！今天這個澡洗得眞痛快！」

「我眞担心你爬不起來。」她接着說。

「笑話！這條江那一段我駱鐵頭沒有游過？」他粗聲大氣地回答。

「不過這總太危險。」我說。

「放心，我不會往漩渦裡鑽的。」他說過之後又嘿嘿地笑起來。

「你游得很不壞。」我讚賞他一句。

「嘿！八歲起就幹這玩意兒。」他用大拇指和食指做了一個八字。

「現在應該回去了吧？」張佩芷說。

我們出來已經很久了。不能老在外面躭着，我同意馬上回去，鐵頭也點點頭。

於是我們三個人又一道爬上高山，爬向白雲深處。

第二十章 劫獄計劃多評估 半夜三更去救人

各地隊員的情報陸續傳遞過來，我和鐵頭張佩芷三人仔細地研究着。現在雙江耿馬只駐了一營敵人，警部設在雙江，因為兩地相隔甚近，所以時相呼應。

根據雙江來的情報說，敵人在七日上午要舉行一個鬥爭大會，被鬥爭的都是地方上教育界的知名之士和縉紳，這些人現在都關在監獄裡面，獄中其他待決的囚徒還有三百多人，我們為了解救這批人決定六日夜晚實行劫獄，放出所有的無辜。但是雙江駐了兩連敵人，看守監獄的警察也有十幾個人，以我們的力量來估計，在雙江耿馬瀾滄三縣只能集中隊員一百二三十人，其餘的要從保山騰衝龍陵梁河那方面去調，路遠一時不能集中，而且他們在那邊也有任務。在雙方實力不成對比的狀況下我們只能另想辦法。我們商量的結果決定於六日在耿馬那方面散佈謠言，說是山那邊的游擊隊有四五百人準備奪取耿馬，同時製造一個攻擊時間的假情報，故意洩漏給敵人，而這個時間正是我們準備在雙江刼獄的時間。耿馬方面的敵人一得到我們的假情報不論是眞是假必然要向雙江警部求救，因爲耿馬最近時常遭受襲擊，敵人正提心吊胆，雙江警部是沒有不派兵力增援的道理的，等雙江的部隊一調走我們就好乘虛襲擊了。爲了吸引敵人起見，在起事的時間內我們也決定派二三十個隊員佯攻耿馬以作牽制。

六號夜晚十點鐘，我們在双江城外二十里的一個村裡集合了九十幾位隊員，預備一點正開始刼獄。據從双江回來的隊員報告，說双江城裡只留了一排人和二三十名警察，其餘的統統在下午五時開往耿馬去了。我們的計劃總算初步完成，敵人是被蒙在鼓裡了。

十點半我們開始行動，預計兩小時到達。

雖然我們每個人都有一個電筒，但都不許用，大家藉着天上的星光摸着走。幸好道路比較平坦，帶路的人路又熟，所以走得仍然相當快，經常保持一小時十華里的速度，但是沒有一點撞擊的聲音，大家都很小心，連話都不大敢講。張佩芷即使想和我講話，聲調也壓得特別低，有時低得簡直聽不見。本來我和鐵頭都不主張她來，但她一定要參加。一來自然又和我走在一塊，這使我增加了一份顧慮，也使我增加了一份勇氣。

「希望今天夜晚不要中途發生變故，不然又要打一次硬仗。」她輕輕地向我耳語。

「如果眞發生意外，那我們可能吃虧。」我也輕輕地回答。

「我們還是要作最壞的打算。」

「萬一失敗那妳怎麼樣？」

「我一定拚到底，決不做俘虜。」

這時忽然一陣汪汪汪的狗叫，我的心馬上一跳。這狗兇惡得很，越叫越兇，我想打死牠但又怕槍響。有人撿石子打牠，牠反而叫得更厲害，還想撲過來。我倒希望牠撲到我身上來，只要抓住牠一條腿，我一下就要把牠摔死的。

「這狗眞可惡。」她輕輕地說，不敢大聲罵牠。

「要是我有一枝無聲的手槍我一定把牠打死。」我說。

「恐怕輪不到你，鐵頭早就把牠幹了。」她說。

直到我們遠遠走過，牠才慢慢停止狂吠，我們的心情才寧靜下來。

在我們所經過的幾個村莊中幸好只遇着一條狗，要是多了那就更麻煩。照以往中國農村的情形判斷，一個村莊總有十條八條狗，現在狗這樣少大概是主人自己都吃不飽，這些畜牲也就遭殃了，可能是餓死，也可能是被人打死吃了。除了狗少之外還有一個共同的現象，就是沒有一家人點燈，也沒有一個人說話，鄉下人固然睡得早點，但所有的村莊完全不點燈，完全沒有人語，這在以前也是少見的事。如果和台灣農村電燈輝煌笑語聲達於戶外的情形相比那眞有天淵之別了。

夜愈深空氣愈清新，露水很重，我的衣服已經有點濕了。我隨手摸摸張佩芷的長髮，它上面沾滿了水珠，我手上也染得濕漉漉的。

「好重的露水。」我輕輕地說。

「眞的。」她隨即在頭髮上摸了一下，十分驚異地說。

「等我們走到時恐怕衣服都要濕透了。」

這時鐵頭忽然從前面傳過話來，說是快到了，要大家不要講話，抽出槍來。傳到張佩芷和我時我們馬上抽出手槍

愈接近双江我們的心情也愈興奮緊張。遠遠望去城裡的點點燈火彷彿鬼火一樣地跳躍，昏黃。

走到離雙江三里路時，大家暫停下來聽鐵頭的吩咐，他把大家分成兩部份，一部份六十個人，先去剪斷各路電線，再攻擊敵人的警部，任務是消滅那一排人和二三十個警察；一部份三十幾個人，負責劫獄，約定一點正大家同時動手，打完之後在監獄門口滙合。鐵頭，張佩芷和我三個人都參加劫獄，因爲裡面有三百多個被囚的老百姓，其中有十幾個是在明天上午的鬪爭大會上就要處死的，所以我們都急於要把這批人救出來。

據說監獄的圍牆很高，上面還加了一層電網，很不容易攻進去，如果關上了大門那就非用雲梯不可了。

為了謹愼起見，我請鐵頭先派兩個隊員去察看一下，如果關了大門我們就用雲梯爬上去，如果沒有關門我們就趁機突擊進去。鐵頭聽了我的話馬上派了兩個胆大心細的隊員上前去，我們在後面慢慢地跟進。

派去的那兩個隊員不多久就跑回來報告，說獄門已經關了，要用雲梯。於是我們迅速而機警地走近去，悄悄地把雲梯靠在墻上，先由幾個帶剪刀鉗子的隊員爬上去剪斷鐵絲網，然後再把備用的雲梯悄悄地沿那邊墻上放下去。

在墻上的幾個隊員把這件工作做好之後就捻亮電筒向我們把手一招，我和鐵頭分別先爬上去。

我一爬上墻頭就看見兩個獄卒兩腿夾着槍，在昏黃的燈光下坐在長櫈上靠着墻打盹。先上墻剪鐵絲網的幾個隊員已經爬下去，正弓着背，彎着腰悄悄地向獄卒走去。這時西北方忽然响起劈劈拍拍的槍聲，那兩個獄卒忽然一驚，剛一抬起頭鐵頭就拍拍兩槍結果了他們的性命。這一來睡夢中的獄卒統統驚醒，衣服也來不及穿就拖着槍衝出來，於是雙方槍戰肉搏打做一團了。

在我打死兩個獄卒之後，我忽然聽見張佩芷在墻頭上一聲尖叫，我馬上回頭一望，看見一個又高又大的獄卒正端着明晃晃的刺刀向我背後刺來，我馬上臥倒又迅速地往他身邊一滾，他撲了一個空。刺刀深深地插在地上拔不出來，我隨即飛起右脚對準他的小腹踢了一脚，他哎喲一聲雙手抱着小腹伸不直身子，我連忙跳起來對準他的鼻子一拳，他的鼻血馬上流了出來，但還不倒，這傢伙體格之强健眞使我暗暗吃驚。而且他不但不倒，還能振作起精神來向我反擊，如果我不及時閃避他一拳打下來是吃不消的。

他打了兩記空拳之後我就知道他不是一個行家，只有一股蠻力，但我還是十分小心地閃避，因爲他比我高大，體重也起碼超過我十公斤。雖然如此，一找着機會我就給他猛力一拳，但他只是搖了兩下又恢復原狀，而且兇猛地向我撲過來，有一次他的右手叉住了我的脖子，使我一時喘不過氣來，在他左手尙未合攏之前我又對準他的鼻子拚命打了一拳，他倒退了幾步，鼻血流得更多，我又連忙跳上去給他左右兩記連環拳，這兩下他着實吃不消了！在他將倒未倒之際忽然嘘的一聲一顆子彈正打中他的腦袋，他倒下去了。我轉過頭來一看，張佩芷正望着我勝利地一笑，原來她已經爬下來參戰了。

這時鐵頭也打死了最後一個敵人。我在一個死獄卒腰上搜着了一串鑰匙，我們馬上趕去開監房的門。監房裡黑暗得很，沒有一盞燈，我們把電筒一照，幾十個囚徒駭得蜷縮在一團，鐵頭看見這種情形馬上向他們高聲說：

「我是駱鐵頭，我來搭救你們的。」

於是他們馬上一陣歡呼。但有幾位老人看見鐵頭披着一頭長髮，穿得又破破爛爛，簡直像鬼一樣，因此睜着半信半疑的眼睛望着他。他馬上把上衣扯開，在胸口上露出「駱鐵頭」三個暗綠色的大字來。於是他們又歡呼起來，還有些女人感動得嗚嗚地哭了起來。

我們把所有的監房一一打開，所有的囚徒都歡呼着擠了出來，集在後面一塊行刑的空場上，鐵頭大聲地對他們說：

「現在你們自由了，要到什麼地方都隨你們的便，我駱鐵頭決不干涉你們。」

他們馬上爆出一陣亂哄哄的聲音：「我們跑不掉！」

「我們沒有家！」

「我們要報仇！」

「我們願意跟着你走！」

鐵頭馬上向他們解釋，不能都跟着他走，要想報仇可以當游擊隊，但必須先到山那邊游擊基地去，他願意派隊員送他們去，等他們學會打槍之後再來報仇不遲。但是其中有三十幾位青年人不肯去，一定要跟着他打游擊，鐵頭說他們不會打槍，胆量也不夠，他們不服氣，要鐵頭馬上給他們一個機會試試。

鐵頭隨即喊出一位二十一二歲的青年人來，他叫他靠牆站着，鐵頭在離他十步左右的地點用手槍瞄準他，他不怕，鐵頭朝他右耳邊拍的一槍射出一顆子彈，他連眼都沒有眨一下。鐵頭向他點點頭，隨後交給他一枝手槍，對他說：

「你隨便找個目標打給我看看。」

他馬上看到一倒在牆脚下離他有十多公尺遠的獄卒，他的眼睛還睁着，他隨即對鐵頭說：

「我要打穿他右邊那隻狗眼。」

他的話剛說完就拍的一槍，那個死獄卒的右眼立刻變成一個空洞。鐵頭馬上走過去拍拍他的肩膀說：「好兄弟，我收你。」

其他的青年人也統統經過鐵頭各種方法的攷驗，不是胆量不行，就是槍法欠準，所以一共只留下四個人，其他的沒有話說只好同意先到游擊基地去。

等那一部份人來到之後，我們四百多人就浩浩蕩蕩地離開監獄，離開雙江縣城。

天亮之前我們統統分散了，我和鐵頭張佩芷仍然在一塊兒，另外又選了五個最好的隊員跟着我們一同行動。

這次較大規模的突擊我們也犧牲了三個隊員，但我們打死了五六十個敵人，還救出了三百多老百姓，是很值得的。所以鐵頭笑着對我說：

「他媽的！這種生意眞够本！」

第二十八章

不速客查游擊隊 心理戰遇鐵心腸

因爲我們在瀾滄雙江接連幹了幾件事，使附近各縣鎭的敵人大爲震驚，一提起駱鐵頭就有點談虎色變。我們也針對敵人的弱點叫各組的隊員們故意散佈謠言，說鐵頭某時在某地，某時又在某地，總是傳播相反的消息，使敵人坐臥不安，疲於奔命。這樣也更便於鐵頭和我的行動了。

當鐵頭和我要到鎭康去的前一天，又故意散佈他要攻擊耿馬的謠言，等到雙江耿馬的敵人大部調到耿馬去時，我們卻已安然進入鎭康了。以後每到一個地方都用這種方法，而且我特別指定了幾個面貌體型有點像鐵頭的隊員化裝起來，使敵人難辨眞僞，聞名喪胆。

有一次我們在一個老百姓家裡吃飯，忽然來了三個敵人，他們問附近有沒有游擊隊？語氣兇得很，說是抓到游擊隊一定要剝皮，窩藏的同罪。房東怕得很，連忙秘密通知我們躲避，鐵頭馬上掏出槍來想出去幹掉他們，我馬上阻止他，我想戲弄他們一下，我要張佩芷冒充主人的媳婦向那三個傢伙告密，說是駱鐵頭躲在後面廁所裡，請他們去抓。我想如果他們有種自然會來，我們也正等着打，如果他們沒有種就會跑的。張佩芷起初有點遲疑，但聽見那三個傢伙氣勢洶洶她馬上把頭一昂，站起來整整衣服，鎮靜地走到前面去。

「同志，駱鐵頭躲在我們後面的茅房裡，我們不敢抓，請你們去看看。」我聽見她輕輕地對他們說。

「眞的？」他們十分驚異地問。

「一點不假。」她十分鄭重地說。

以後我沒有聽見他們講話，我只聽見拍的一聲槍響，我以爲他們看出了張佩芷的破綻，打了她一槍，我和鐵頭飛奔出去，原來那三個傢伙已經開溜了，是張佩芷向他們打了一槍，我和鐵頭連忙追出去，看見一個傢伙已經倒地，那兩個傢伙正在沒命地向山上逃跑。鐵頭忽然大叫一聲：「回來，你老子在這裡。」

後面那個傢伙馬上驚慌地回頭一望，鐵頭拍的一槍打過去，那傢伙應聲倒地了。我看三個既然打死了兩個，我也朝前面那個傢伙打了一槍，他也倒下了。鐵頭馬上嘿嘿地大聲笑罵起來：

「王八蛋！你們這幾個雜種也想找老子的麻煩？」

我聽了也好笑，張佩芷却笑着對我說：

「眞是三個草包。」

「嘛！駱鐵頭三個字就可以把他們駭跑。」我也不禁笑了起來。

「連我都沾了他的光，不然他們一定會看出我的破綻來。」她摸摸她的長髮，看看自己脚上一雙破皮鞋又不禁好笑起來。

「他媽的，不知道這幾個飯桶出來搞什麼鬼？」鐵頭懷疑地說。

「大概要揩[redacted]一點油水吧？」我笑着說。

「三兩個人出來準沒有好事。」房東接着說。

「他媽的該不會偷鷄吧？」鐵頭說着又嘿嘿地笑起來。

「不偷鷄也會搞女人。」房東說。

「該死的東西！」張佩芷眉毛一豎狠狠地罵了一句。

我望着她一笑。鐵頭却說：

「[redacted]，要是老子碰到了一定把它割掉。」

我聽了哈哈大笑，張佩芷也噗哧地笑了起來。

我們離開那家之後走了不到兩百公尺就迎面碰着了二十幾個敵人　我們也有十二個人，於是一場遭遇戰馬上展開。

我們一面打一面向山上退，敵人以爲我們胆怯，也跟着一步步追，其實我們是找有利的地形準備給他們一個痛擊。但是這二十幾個傢伙也相當厲害，他們很沉着，槍也打得不壞，看樣子是經過幾場戰爭的。

當我們分別佔據了有利的地形之後我們就不再退，他們也不敢上來，誰要是冒險上來一步我們一定把他送回老家去。

雙方相持了十幾分鐘都沒有什麼損失。忽然有個士兵向鐵頭爬過去，鐵頭却裝作沒看見，等他爬到十來公尺時鐵頭就拍的一槍結果了他的性命。

這時敵人不再打槍，採用心理戰術，他們向我們喊話：

「快投降，我們寬待你們。」

「和人民作對沒有好處。」

「打游擊吃不飽，我們這邊樣樣好。」

「後面有我們的大隊伍，再不投降只有死！」

我們也向他們喊：

「有種的上來！」

「我們不和人民作對，我們是替人民報仇！」

「我們不喝人民的血，我們寧願挨餓！」

鐵頭卻直截了當地向他們大罵：

「你們這班王八蛋，有種的就來碰碰老子的槍彈！」

敵人被鐵頭罵起了火，又向我們劈劈拍拍地打槍。他們不上來鐵頭就不讓我們還擊，他輕輕地叮囑大家：

「現在別理那班王八蛋，上來一個就幹一個。」

敵人看見我們不還槍偷偷地向上爬，有兩個傢伙爬到離我們十幾尺時鐵頭忽然拍拍兩槍，那兩個傢伙又完蛋了。其餘的人統統停下來不敢再爬，鐵頭看了又哈哈地大笑。

敵人又不打了，向我們喊話：

「同志們，你們是不是駱鐵頭的部下？」

「我們不打你們，我們只找駱鐵頭。」

「如果你們說出駱鐵頭的下落，我們馬上停火。」

「如果你們捉住駱鐵頭送給我們，你們可以得到三千萬。」

我心裡想這些傢伙眞毒，我正準備射擊，鐵頭卻驀地跳起來擎着兩枝手槍指着他們破口大罵：

「老子就是駱鐵頭，那個王八蛋有種來拿三千萬？」

我非常担心，張佩芷臉都急白了，如果敵人放冷槍那他非常危險的。我們連忙把槍口瞄準前面那幾個敵人，但是出乎我們意料之外，他們並沒有放冷槍，反而抱着頭拚命地往山下滾，鐵頭馬上大吼一聲，拍拍幾槍，打死了好幾個敵人，我們也跟着拍拍地射擊，他們亂做一團，跌跌撞撞地跑了。

鐵頭看了又大笑起來：「眞他媽的飯桶。」

「不是他們飯桶，是你太兇。」張佩芷笑着說。

「的確，這班傢伙不算怎麼飯桶，看他們的槍法，聽他們的喊話都是受過相當訓練的。但是鐵頭先聲奪人，忽然看見他滿臉殺氣地挺身起來他們就懾了。正如狗忽然看見老虎一般，腿子都軟了，屎也流出來了，還敢咬牠一口嗎？

「你下次可不能這樣冒險。」我仍然規勸他。我覺得這次沒有意外總算萬幸，這種事情到底是可一而不可再的。

「我就想試試他們的膽量。」他臉上浮起一絲輕蔑的微笑。

「你不怕他們放冷槍？」張佩芷說。

「我相信我比他們更快。」他自信地說。「你們也不是飯桶。」

「那你攷慮過？」我說

「你爲什麼老不放心我？」他睜大眼睛望着我說：「你以爲我眞是草包？」

「不，不是這個意思，」我笑着說：「不過我希望你謹愼一點。」

「放心，」他拍拍我的肩膀：「我不是剛出娘胎的，我玩命玩了十幾年啦。」

我向他欣慰地一笑。敵人畏他如虎，我卻愛他如手足呢！

第二十三章 鐵頭到處皆歡喜 佩芷滴血祭雙親

雖然敵人到處搜捕我們，但不是被我們打垮了就是撲個空，連一個隊員也沒有抓着。敵人來，我們走，敵人走，我們來，像捉迷藏地兒來兒去。有時一個照面拍拍地打幾槍又脫離了戰場，總是驚而不險，而且敵人和我們一接觸往往非死即傷，無論他們用多大的力量總是白費氣力，因為我們的情報靈通，人多了我們就走，人少我們就打，他們有時一天會碰見好幾個駱鐵頭，但一個也抓不着，不但抓不着，十次有九次被打得落花流水，叫苦連天。以打游擊起家的老共[redacted]遇着鐵頭這批不怕死，不怕餓，能跑，能打，土生土長的突擊隊員，簡直是碰上了尅星，處處吃癟。連我也覺得非常有趣，對於鐵頭也更信賴，他對於這種戰爭確實有辦法，對於任何驚險的場面都能應付裕如，這是使我深為佩服的。

我們在兩三個月的時間內跑遍了濱西南十幾縣，老共[redacted]聽說我們來了簡直急得雞飛狗跳，老百姓卻喜形於色，一看見鐵頭有時真會驚喜得流出淚來，問長問短，送這送那。尤其是梁河，騰衝，保山三縣的老百姓，簡直把鐵頭當作他們的光榮和救星，我們在這三縣也得到格外的掩護，甚至白天都可以在老百姓家裡睡大覺，有一點風聲他們都會告訴我們，所以我們雖然在家裡睡覺對於敵人的一舉一動都瞭如指掌。街上有幾個軍人走路，有幾個警察站崗，公安局長在什麼地方吃飯，開會，演講，我們都有情報，毫不錯誤。

在這三縣我們也得到最好的給養，老百姓總是把最好的東西給我們吃，我們怎樣推辭也推不掉。他們說我們不吃還是給共[redacted]吃去，他們自己也吃不到，如其送給那班傢伙不如送給我們吃

在騰衝老百姓曾經給我們每人一套新衣服，一雙新鞋子，我和鐵頭高興得很，張佩芷尤其高興。

在保山張佩芷的一個親戚曾經款待我們吃了一頓有酒有雞的豐盛晚餐。另外他還告訴我們許多寶貴的消息。

張佩芷的家現在是縣公安局長的公館了。他談到這位局長時還特別把她拉到一邊去咕噥了一陣，事後我問她她也不肯直講，只是把臉一沉：「以後你自然明白。」

一天夜晚，她這位親戚把她帶到她父母的坟上去。她起先不讓我和鐵頭去，後來我實在不放心，再三請她讓我同去她才勉強應允。

她提着香燭紙錢一路走一路流淚，我從來沒有看見她如此傷心。她父母的屍首還是她這位親戚埋葬的，她連前後一面都沒有見到，如果不是這位親戚帶她來她還不知道她的父母究竟埋在什麼地方。因爲這件事發生時她不在家，她得到這個噩耗就連夜逃到游擊區去。

她父母的坟雖是埋在自已的祖坟山上，但不過是兩堆黃土而已，沒有碑石，沒有墓誌銘，和她祖父祖母的坟比較起來，簡直不能相信這兩堆黃土底下埋的是她父親母親。她祖父祖母的坟頭有兩塊很大很好的碑石，周圍還用大理石砌了一座圍椅似的屛風，氣勢雄偉得很。我在昏昏的月光下細看她祖父的碑文才知道他是前淸的一名翰林，做過大官，著作也很多，在地方上也做了不少修橋興學之類的公益事

情。

她一走到她父母的坟前就撲倒在上面痛哭起來。我和她的親戚對着燒香焚化紙錢，我看着紙灰在空中飛舞，飄散，然後又落在她親戚身上，落在我身上，落在她身上，落在她父母的坟頭上。假如她的父親地下有知一定會來享受他們的獨生女兒這番孝思的。

據她的親戚告訴我，她的父母死得很慘，是用亂棍打死的。打死之後兩天不准收屍，後來他化了一點錢買動了一個[redacted]黨員說了幾句話，才准他代為收殮。他本來想代他們立塊碑，一則沒有錢，二則又怕張揚出去，共[redacted]來找麻煩。他雖然是個小市民，以前沒有担任過任何公職，但共[redacted]會隨便給人帶帽子，誰的性命都不保險。

我問他父母為什麼被鬥爭？他說她父親以前做過幾任縣長，這幾年又在保山當一個中學校長，家裡一向有幾個錢，地方上的人都很敬重他。共[redacted]來後不久校長就不讓他幹，還列舉十幾條罪狀，[redacted]公開鬥爭，說他是人民的最大[redacted]敵人。羣眾當中早就埋伏好[redacted]，台上的主席問應該怎樣處置他？[redacted]是他們就在底下大叫：「打死他」，「槍斃他」，而且威脅老百姓同樣說。主席馬上宣佈說這是人民的公意，只好把他處死。那些傢伙馬上把他拉下來，用事先準備好了的棍棒把他們活活打死。

「那她母親為什麼也要打死呢？」我輕輕地問。

「因為她也是出身名門，而且當過幾年女子中學校長，和婦女會長，又是他的太太。」他說。

「這就該亂棍打死嗎？」

「共產黨愛怎麼辦就怎麼幹。」

「還有別人處死嗎？」

「前前後後有兩三百，現在留下的沒有一個是在過去有名望的人。」

「假如當時共產黨抓住她怎麼辦呢？」我指着張佩芷輕輕地問。

「可能處死，或者會有更不好的遭遇。」

「幸好她逃出去了。」

「總算她有志氣，能夠吃這樣的苦。」他望了她一眼。

「她天天都想報仇。」

「我也希望她能達到目的。」

「你不怕共產黨嗎？」我忽然覺得他和我們這樣接近對他是十分不利的。

「我也不知道哪天死？說老實話，我也準備跟你們打游擊。」他悽涼地說。

「那很危險。」我提醒他。

「你以為我們坐在家裡不危險嗎？」他睜大眼睛望着我。

「最少比我們安全。」

「[illegible]」現在是一羣羔羊，隨時都會牽進屠宰房的。就是活着也毫無趣味。」

「難道他們把你們當作畜牲？」

「比畜牲還苦痛！」他憤憤地說。「要講的話不敢講，不願講的話又不敢不講，[redacted]我實在對不起這兩個死人。」他竟嗚咽地哭了起來。

這使我一時摸不着頭腦，他是他們的親戚，又是他們的殮葬者，他有什麼地方對不起他們呢？

「你有什麼地方對不起他們呢？」我遲遲地問。

「良心，我的良心！」他痛苦地搥着胸說。

「你沒有做過虧心事吧？」看樣子他確是一個好人，但現在我也有點捉摸不定。

「但是我講過打死[redacted]的話。」他又嗚咽地哭起來。

我簡直有點不相信自己的耳朵，像他這樣[redacted]善良的人又是他們的親戚，他為什麼要講這種損人不利己的話呢？

「你瘋了嗎？」我大聲地問他。

「不，我沒有瘋。」他仍然流淚。「但是我怕看那站在我左右的兩個共產黨的吃人的眼睛。如果我不跟着他們喊，我也不知道我怎樣死法？」

「台下的人都這樣喊嗎？」

「嗯，」他點點頭，擦擦眼淚。「大家都想活命。」

紙灰仍然一片片飛揚。他在流淚，張佩芷仍然伏在墳頭上哭泣。我沒有話講，我也為這兩個寃魂哀傷。

天上仍然有點昏昏的月亮，樹上的貓頭鷹在磔磔地叫，像寃鬼哭泣一樣。周圍的亂坟像叠羅漢似的，新的壓着舊的。

我心裡很難過，我不忍長久在這鬼域逗留，我勸張佩芷早點離開，我把她拉起來，她又跪下去，但她不再哭，她把左手的食指用力一咬，馬上流出一滴滴鮮血，她把血洒在父母的坟頭上，同時向他們禱告：

「爸爸，媽媽，您們死得好苦，我一走要替您們報仇，請您們在天之靈隨時協助我，啓示我，我要共產黨償命，償您們的命，償所有寃魂野鬼的命！」

禱告完畢之後她才慢慢地爬起來，食指上還在流血，她馬上把它放在嘴裡啣着，同時擦乾眼淚。她的臉顯得格外冷峻莊嚴，她的眼睛裡面射出一股可怕的光燄。

我們慢慢地走出坟場，我不知道說什麼好。她也默不作聲。夜很靜，我們可以聽出我們自己的脚步聲和心跳聲。

當我們越過公路時忽然碰見兩個巡邏的士兵，事先沒有任何警告，唯一的警告是拍拍地兩聲槍聲，張佩芷的親戚應聲倒地了。我和張佩芷馬上臥倒公路旁邊的田溝裡，那兩個士兵還向我們逼近射擊，同時命令我們站起來。我們不理會，等他們走到我們的手槍射程之內我就拍拍的打了一槍，馬上倒了一個，另外一個非常機警地臥倒，因此張佩芷那一顆子彈剛好從他頭上飛過去。我本來想再補一槍，張佩芷忽然把我的手一拉，要我讓她打。正在這時那傢伙又向我們打了一槍，子彈從我們頭上飛了過去。我怕後而還有敵人，我要張佩芷快點打，不然就讓我打。她馬上把手伸出公路面上向他打了一槍，我看見那傢伙在地上翻了一下，這一槍是打中了。

於是我拖着她拚命地往山上跑，好幾次她被我拖得摔了幾交，簡直有點喘不過氣來。

在山脚下我們找到了幾家人家。我們敲第一家的門，起先裡面不敢答應，後來才有一個五十多歲的老人端着油燈出來開門，他認出了張佩芷，一時驚喜得張口結舌，半天才說出話來：

「妳不是張小姐嗎？」

張佩芷點點頭，於是他機警地把我們一把拉進屋去。

我眞慶幸我們又找到一個藏身的地方了。

二十三章

這是我和鐵頭的首次分手，但由於這位老人的協助，第二天夜晚我們又湊合攏來。

現在滇西南十幾縣的敵人兵力分佈情形我們已經瞭如指掌了。這一帶的民心也是絕對歸附我們的。

我們三人商量的結果決定作一個詳細的總報告，派人送回山那邊去。

我費了一天一夜的時間才把報告作好，除了文字的敘述之外還繪了十幾幅明細地圖，由鐵頭漏夜派人送回基地去。

兩星期之後商大祥和送信的隊員一道來了，他的腿現在完全好了。另外他還帶了幾個政工隊員和大批標語傳單來，還有老長官給我和鐵頭的一封信。他在信裡對我們的工作嘉獎了一番，說我們供給的情報很有價值，總指揮和他決定在╳日午夜一時親率大軍進攻騰衝保山，要我們事先破壞兩縣各村鎮的敵人電台，同時把標語傳單散發出去。

我們看到這封信非常高興，張佩芷尤其高興，他認為報仇的時機來到了。

在這天的夜晚十二點鐘以前，騰保兩縣的突擊隊員已經完成破壞敵人電台的工作，傳單標語散貼出去了。我們的先頭部隊亦適時抵達郊外，鐵頭和商大祥帶着騰衝那方面的突擊隊員適時進入縣城去作內應，我和張佩芷也率領了五十幾位隊員適時潛入保山縣城，監視縣政府，公安局等大機關，和縣長公安局長等人的住宅。

敵人事先對於我們這次大規模的軍事行動似乎毫無所知，城裡一切照常。我和張佩芷藏在公安局對面的一家雜貨店樓上，密切注視每一個進出的人，在十二點鐘左右有一個人從局裡走了出來，後面還跟了兩個警察，樣子很神氣。張佩芷連忙碰我一下輕輕地說：「這就是我們的目標。」

於是我跟着她一道下樓去。在我們走上街邊時我看見我們的幾個隊員已經悄悄地跟在他們的後面，我們也悄悄地跟着。

忽然我看見那三個傢伙走進一座堅固寬敞漂亮的建築。張佩芷馬上拉我進入對面一個人家裡去，好像那家人和她很熟，他們向她點點頭，她也向他們微笑。然後我們又一同走上樓隱在一個窗戶旁邊，我望見我們那兩位隊員也已經隱藏好了。不久那兩個警察又退了出來，昂首濶步地循着原路回去了。

這是一棟兩層樓的官邸式的房屋，裡面的燈火輝煌，綠門綠窗，窗帘都是絲絨的，地板也油漆得光滑明亮，一切陳設都是最考究的，無論從外表或內部看來，這棟房子在附近幾十棟房屋中都是最好的。

「你知道它是誰的？」她翻翻眼睛問我。

「我不是保山人我怎麼知道？」我說。

「我告訴你，」她悽涼地說。「以前是我的，現在是公安局長的。」

我望望那房子又望望她，兩相對照我忽然覺得這世界變了，完全變了，我彷彿看見一隻血手把整個社會翻轉過來。

「現在是他的，將來還是妳的。」我安慰她說。

「這個無所謂，」她坦率地說。「不過我想出這口氣。」

「那很簡單，等會我們把他幹掉就是了。」我接着說。

「等會你可別搶着動手。」她警告我。

「總不能讓他跑掉。」我望着她說。

「他跑不了。」她很自信地說。

忽然我看見一個妖冶的女人的身影在房子裡晃動，那傢伙隨即跟了上來，在她臉上親了一下，然後又抱着她的腰旋舞起來。

「哼！」張佩芷冷笑一聲：「看你能玩多久？」

「眞的沒有多久，房子裡的燈光忽然熄滅了。

夜，更深更靜，街上已一片死寂。除了有一個値更的警察在暗淡的路燈下蹓躂外，再也沒有一個人影了。

時間一分一秒地溜過去，我們的心裡也一陣焦急一陣，看看主人壁上古老的掛鐘，時針正指着十二點五十分。

現在離正式攻擊時間只有十分鐘了，還不見一點動靜。張佩芷煩躁不安地踱來踱去，我不時望望壁上的掛鐘，這時那位四十多歲的房東忽然走上樓來關心地問張佩芷：

「佩芷小姐，你們該不會有什麼差池吧？」

「不會的，」她自信地搖搖頭，隨後又問他：「王叔，你們準備好了嗎？」

「準備好了，女人孩子都進地窖了。」他說。

「這就好，我就怕驚擾了你們。」張佩芷向他抱歉地一笑。

「不，佩芷小姐，妳能這樣不怕死，我們眞應該慚愧哩。」他十分尊敬地說。

「時間快到了，王叔，你也趕快去躲避吧。」張佩芷指着壁下的掛鐘說，現在一點只差三分了。

「他是妳的老鄰居嗎？」房東走後我輕輕地問她。

「嗯，」她點點頭。「二三十年了。」

她的話剛說完我就聽見砰的一聲槍響，我從窗口向外張望，看見一道綠色的火光流星似的衝向天空，接着就劈劈拍拍打起來，保山周圍裡裡外外都响着密集的槍聲，睡夢中的保山縣城忽然被槍聲驚醒，我和張佩芷跑出去一看，那個値更的警察已經被我們的隊員幹掉了，他們兩人正在屋角下向我們招手。這時這棟睡着了的房子燈光忽然亮了，同時我聽見房子裡電話鈴鈴鈴的聲音，但一下子就斷了。

我吩咐那兩個隊員分別把守前後門。我跟着張佩芷從廚房裡那個忘記關上的窗口爬進去，她剛一跳下地一隻兇猛的狼狗就向她撲過來，我一槍把牠打死了。

我剛想跨過廚房的門檻向前面的客廳走去，一個兇神惡煞的聽差却端着卡平槍向廚房衝來，我連忙把身子一縮右脚向前一伸，他撲通一聲倒栽下去，張佩芷馬上在他頭上打了一槍，他就永遠爬不起了。

我和張佩芷小心地向前面客廳走去，我聽見有人從樓梯上衝下來，我和張佩芷把身子往轉角處的門框裡一貼，我希望他像先前那個聽差一樣直往廚房衝，我就可以不費吹灰之力把他幹掉。但是這傢伙可機警得很，下樓梯之後就沒聽見脚步聲音，我們也不敢再向前走一步，生怕他躲在傢具後面襲擊我們。等着，等着，等了好幾分鐘才看見一枝手槍慢慢地伸出來，先只看見槍口，後來慢慢地看見槍身槍柄和那緊握着槍柄的右手以及那賊眼。我迅速地舉起手用力一打，他的槍立刻被震掉下來，我馬上衝上前一步，一下就把他打倒了。但是他馬上爬了起來，仍然奮力搏鬥，這時我又捶了他兩拳，但我仍然沒有倒，等我迅速地回敬他左右兩拳時他却倒下去一時爬不起來，我正想把他提起來再給他兩拳時張佩芷却乘隙打了他一槍，中在大腿上。他翻過身來一望忽然發現是張佩芷他大吃一驚。

這一下使我有點糊塗起來了，原來他們是認識的。我望望他又望望張佩芷，她正端着槍向他冷笑。

「佩芷，是妳？妳？……」

「嗯，是我，你還認識？」

「佩芷，妳不應該這樣對付我。」他責備地望着她。

「哼！」她又冷笑一聲面孔十分嚴峻：「你那樣對付我父母就應該嗎？」

「那不是我的意思，是黨的命令。」他有點氣餒了。

「哼！你倒推得乾淨！」她又冷笑一聲。「你以為我不知道你早黑了良心？」

「就因為我的身份妳離開我嗎？」

「少說廢話！」

「佩芷，請妳念念我們過去的感情。」他哀求地說。

現在我明白了，完全明白了，我想起她曾經對我說過她過去有一個當共[redacted]的愛人，我想準是這個傢伙。我馬上拾起槍跑到走廊上去，我心裡有一種奇怪的感覺。這傢伙很年輕，看樣子還不到三十歲，長相也不錯，就是非常陰險狠毒。俗語說，不是寃家不聚頭，想不到他們今天竟在這種場合碰上了。

一走到走廊我才知道外面的槍聲很密，街上非常紊亂，已經展開巷戰，我看見敵人服裝不整，三五人一組，打得亂跑亂竄，最後還是一個個倒下，一個也沒有跑掉。

忽然一顆流彈飛了過來，打在大理石柱上，我連忙臥倒。恰巧這時房子裡拍拍地打了兩槍，我回頭一望，看見那個傢伙已經死了，張佩芷正急急地向我走來。

我們離開這座房屋時天都快亮了，街上到處是橫七豎八的敵人的屍體，紅星帽遍地都是，我和張佩芷從紅星帽上跨了過去。

「今天總夠刺激吧？」我輕輕地問張佩芷。

「總算出了這口氣。」她笑着點點頭。

二十四章

少數民族善歌舞
漢家威儀滿四方

這次我們除了克復騰衝保山之外，還克復了梁河、鎮康、耿馬、雙江、滄源、瀾滄等十六個縣城，鹵獲了三千多枝步槍，兩百多萬發子彈，打死了三千多敵人，打傷的也在三千以上，反正投誠的敵人也不少，紛紛投奔我們的老百姓更多，我們把他們統統帶回基地來了。

我們回到基地時老百姓非常熱烈地歡迎我們。當天夜晚他們就和司令部的政工隊聯合起來舉行了一個盛大的慶祝滇西南大捷晚會。

這天夜晚月色很好，司令部的操坪周圍白夷小孩女人擺了很多小攤子，賣些水菓土產，他們時常尖着嗓子叫賣，一有游擊隊員走過去他們就「大漢理理理」地叫起來。

操坪上席地坐了一千多人，裡面有新從雲南打勝仗回來的游擊戰士，和隨同我們一道來的雲南老百姓，老百姓裡面又有很多是雲南境內的白夷倮倮等少數民族。

我和鐵頭商大祥三人坐在一塊，朗英看見我們也挨在我們身邊坐下來，她見了我不再像以前那樣害羞。商大祥和鐵頭她是早就很熟的，自然更不見外了。

張佩芷沒有和我們坐在一塊，她正在後台忙碌。這次晚會她出力不少，一下午就忙得不可開交，本來她應該休息一下，但她覺得自己是政工隊長，不能看着隊員忙，而且她自己還參加了一個「秦良玉」的平劇節目，也許她此刻正在後台練把式耍花槍呢？

我和鐵頭有三四個月沒有回基地，朗英顯得很親暱，她總愛問雲南那邊的情形，據她說她父親原來也是從耿馬遷來的，雖然她自己生長在山這邊，但對山那邊也很懷念。

我把山那邊老百姓痛苦情形告訴她，她聽了直縐眉嘆氣。但當我告訴她我們打死共匪的那些故事時她又天眞地笑了。

「你們很勇敢。」她指着我們三個人說，隨後又加上一句：「張隊長也很能幹。」

「她也不錯啦！」商大祥指着朗英向我說。「要不是她我的腿也不會好得那麼快。」

「吓？」我驚奇地望着她。「妳學過醫嗎？」

「沒有。」她搖搖頭說。「我們這邊沒有醫生。」

「她可認得很多草藥，」商大祥插進來說。「我就是她用『打不死』醫好的。」

「我們這邊沒有藥，我們都用草根樹葉治。」朗英說。

「那妳是一個很好的醫生了。」我笑着說。

「我也是別人教的。」她羞澀地一笑。

「妳認識很多草藥嗎？」我問她。

「只認識十幾種。」

「這就很不錯了。」

「我不行，有人能認一百多種。」她說。

「那他就是一個百科醫生了。」我向她一笑她聽了也粲然一笑，那對小鹿似的眼睛顯得很天眞可愛，耳珠上兩顆綠玉的耳環一晃一晃地格外動人。

台上的鑼聲一响，幕布忽然拉開了。上面的橫布上有「漢家威儀」四個大字，十幾盞小煤油燈吊掛着東晃西晃，一千多對眼睛盯着台上，白夷少女們露出了天眞的笑容，七八十歲的老頭子也揉揉眼睛捋捋鬍鬚張嘴微笑。

一會兒魚貫地走出來十幾個邊地民族，裡面有白夷、倮倮、吉卡……他們都穿着自己民族的服裝，手拉着手，邊走邊跳。據朗英說這是邊地民族的一種舞蹈。他們一面走還一面用白夷話唱，唱了半天我一句也不懂。我急於想知道它的內容，我請朗英翻譯給我聽，朗英先說她譯不好，後來因我一再請求，她才勉強答應。

接着她就隨口譯了下面這首歌謠：

我們——漢，夷，欽，吉卡
快快聯合起來呀
鞏固同一陣綫
打倒共同敵人
我們原是神的子孫
我們是愛好自由的人民

自從山的那邊
來了個共產黨呀
搶去了我們的馬和牛
他剝奪了我們的自由
你別看他們嘴甜喲
背後却藏着一把斧頭

漢，夷，欽，吉卡
快快攜手，團結奮鬥
打回去呀，打回去呀
消滅那羣猛獸

台上還在跳還在唱，一共總唱了五六個不同的歌謠，我還要朗英繼續譯給我聽，她却笑着問我：「剛才譯得怎麼樣？」

「很好，很好。」我連忙稱讚。商大祥說她是白夷的女狀元，現在聽到她口譯的這個歌謠我也覺得很不錯，當然我沒有能力判斷是原文美還是她譯的美？

「你講假話？」她姣媚地望着我。

「不，我講的是老實話。」我也望着她。「妳還是再譯一個吧？」

她先向我一笑，又繼續口譯起來：

國民黨是石頭呀
共產黨是水
當水嘩啦啦地流過時

石頭還堅定地停在山崖

我們的祖先是從山的那邊遷過來
我們找水草肥美的地方住了下來

如今聽說世界變了
山的那邊人吃人
佛爺菩薩也倒下來
共產黨做了世界的主宰

但是時間不會久呀
黑暗過去光明就要到來

「好，這首比那首更好。」我笑着說。我覺得這首歌謠更富有文藝氣息，不知道是誰作的？因此我問她：「妳知道是誰作的嗎？」

「你猜？」她向我嫣然一笑，像一朵帶露的荷花。

「不知道是那位文學家的大手筆呢？」我故意望着她笑，我猜想可能是她寫的。

「你罵人？」她的臉微微一紅又姣媚地一笑。

「是妳嗎？」我想我猜中了，我心裡一喜。

「是他們要我寫的。」她姣羞地點點頭。

「因爲妳是妳們族中的女狀元哪！」

「誰說的？她盯着我問。」

「他。」我指着商大祥說。

她責怪地望了商大祥一眼也不再說什麼。我心裡却替她惋惜，假如她是生長在大都市，接受了現代教育，那可能成爲一個了不起的女詩人女作家哩！

這場邊地民族歌舞過去之後接着是歌劇「凱旋」。在「凱旋」之後有一個戰士自動地跑上台去用白夷語言唱了一個「漢夷一家」的歌，懂白夷語言的邊地人民馬上劈劈拍拍地鼓掌，同時嘴裡高聲大叫：「大漢理理理。」

在「秦良玉」這齣戲上演之前還有一段休息的時間，大家都利用這段時間解解小便或者買點東西吃，這時白夷女人小孩子的攤子上就特別熱鬧起來，笑聲，叫聲和「大漢理理理」之聲不絕於耳，我跑到一個白夷女人的攤子上買了一竹筒熟蠶豆，她無論如何不肯要我的錢，弄得我很不好意思，我又不會講白夷話，忽忙中我一連講了幾句謝謝，她却用不太熟練的漢語回答我：

「不謝，不謝，你們太辛苦，太辛苦。」

這使我有點慚愧，她會講漢話我反而不會講夷語，我的語言天才實在太糟，在台灣就了一年多也只會講幾句台灣話，自已想想也好笑。

等我回到原來的地方坐下時台上的鑼鼓已經親康親康地响起來了。我和鐵頭朗英他們一面吃蠶豆一面睜着眼睛注視台上。我沒有看過張佩芷的平劇，我不知道她唱的怎樣？更不知道她有沒有那種功架？聽說這種刀馬旦的戲並不容易演唱的，我實在有點替她担心，因此我輕輕地問商大祥：

「她的戲唱得怎樣？妳看過沒有？」

「看過，唱得很好。」商大祥讚賞地說。「不論鬚生，小生，青衣，花衫都還來得。」

「那怎麼行呢？」我有點奇怪，我雖然不懂京戲，但聽見別人說過學戲不能太雜，一定要專，不然就很難學好，她怎麼樣樣都來，這不是胡搞嗎？」

「她很聰明。」商大祥又說。同時他告訴我說她抗戰時在昆明唸中學就拜了好幾位下江名伶說戲，學會了春秋配，玉堂春，荀灌娘 秦良玉，失空斬 ，四郎探母等二十幾齣戲，自然也花了她父親不少錢。

「聰明自然聰明，就是一個雜貨攤。」我笑着說。

她既愛唱歌，跳舞，電影，平劇，話劇，還愛文藝，而且修養不壞，這不是有絕頂聰明的人怎麼辦得到？就以打槍來說吧，據說她到游擊區之前是沒有摸過槍的，但現在却打得很準，足可以抵得上一個十年八年的老兵了。不過一個太聰明的人往往是博而不精的，因此我把她比成一個雜貨攤子。

可是她出台時一亮相就博得一個滿堂采，尤其是眼神最爲難得。她這一打扮驟看之下簡直使我有點不認識，倒是她那對會說話的眼睛一點也沒有走樣，我沒有看見第二個女人有她這樣的眼睛。

她唱得的確不壞，聲音圓潤極有韻味，開打時身手又極矯捷，出手之快與姿式之美就是一個磨練十年八年的伶工也不過如此。觀衆聽得過癮看得也過癮，時時響起「喲，喲，好！」的叫聲與拍拍的掌聲，她在台上也格外賣力起勁，一次單手耍槍簡直耍得人眼花撩亂啦！後來不知怎麼的她忽然發現我和朗英坐在一塊兒，臉上立刻有點不愉快，商大祥輕輕地碰了我一下又用嘴向台上一努我這才看出來。當她和一名清將酣戰時不知道是生我的氣還是怎麼的，她眞的一槍刺中對方的胸口，幾乎使他跌倒下來，因此他不敢再交手而匆匆地跑進後台，觀衆都大笑起來，我看了也好笑，她在台上瞪了我一眼之後也跟着追進後台，倒也看不出多大的破綻，白夷人更高興得大笑大叫，大概他們也看出來這是漢人打贏了。

戲演完之後我連忙向朗英和鐵頭商大祥告別，悄悄地跑上後台。她正在卸裝，一看見我就把頭扭過去，但又不露任何形跡，這眞使我不知道怎樣應付她好。

「剛才妳唱得眞好。」我遲遲地說。

「你聽了嗎？」她馬上回過頭來向我揶揄地一笑。「你懂嗎？」

「聽得很清楚，」我笑着說。「對於此道我雖然是個外行，但好壞總分別得出來的。」

「唉，可惜朗英不在這兒。」她忽然向我揶揄地一笑。

這一下使我有點摸不着頭腦，我知道朗英不大懂京戲，更不會唱，她在這兒有什麼意思呢？

「我不懂妳這句話是什麼意思？」我委婉地說。

「她聽得進我可聽不進哪！」她迅速地瞟了我一眼又伸手去摘取髮夾。

「我對她並沒有講什麼呀？」我說。實際上我也沒有講什麼，當朗英不大理解這齣戲的內容而問我時我才替她講解一下。

「可灌了不少米湯是不是？」她又回過頭來向我揶揄地一笑。

「沒有的事。」我竭力否認。

「可有點愛白夷女郎是不是？」她向我挑撥地一笑。

「妳怎麼知道？」我冷冷地問。

「我會看相。」她輕鬆地說。

「那太神秘。」我不敢望她。

「比愛情還神秘嗎？」她卻緊盯着我。

「我還沒有這種經驗。」我望着別處說話。

「哼哼！」她抿着嘴冷笑。「大概只有兩三次吧？」

我本來就有心病，經她一語道破我也忍不住笑了起來。

「哼！還裝正人君子哩！」她笑着白我一眼。「我就專會揭假面具。」

我不理會她的話，我只望着她兩隻手在頭上熟練地動作。她不但從前面看好看，從後面看也極好看，我站在她背後靜靜地欣賞，那種和諧勻稱的健康美眞使我有點迷惘。

「來、替我解開這根髮帶。」她命令式地說。

「遵命。」我樂意地走過去替她解，幾下就解開了。

「謝謝你。」她向我嫣然一笑。

「怎麼又這麼客氣？」

「何必老是拌嘴呢？」

她站起來，馬上挽着我的手臂走出後台，外面月色如銀，隊員們談談笑笑地走進茅棚，白夷人手挽着手唱着歌謠快樂地歸去。張佩芷和我相視一笑，我心裡有一種說不出來的愉快的感覺。

第二十五章 朗英親密情義重 佩芷疑心理應當

上次我到山那邊去，朗英送行時曾經說過我沒有到她家裡去玩的話，當時我答應她回來以後一定去她家裡拜望。今天朗英又特別跑到我這裡來請我到她家裡去，這使我進退兩難。去嗎？我怕又引起張佩芷的誤會；不去嗎？我又怕失信，同時也辜負了朗英一片熱忱。朗英看見我有點躊躇，笑着問我：

「我看你有點心神不定。」

「不，不，我想起一件事情。」我連忙掩飾。「對不起，請妳稍坐一下，我要去和商大祥鐵頭談談，我馬上回來。」

說過之後我連忙開溜，一口氣跑到張佩芷這兒來。張佩芷看見我氣吁吁地馬上笑着問我：「什麼事兒這樣緊張？」

我本來是來同她商量的，最少要能取得她的默契我才好去。但經她這麼一問我反而不知道怎樣說好，我儘在她房間裡打轉。張佩芷看見這種情形又笑着問我：「喂，到底是什麼事兒呀？」

我望望她，看她樣子蠻愉快，這才鼓足勇氣向她說：「朗英請我到她家裡去玩。」

「你打算怎樣？」她望我俏皮地笑。

「我沒有主張。」我笑着說。

「吓，這點小事兒就這麼沒有主張，那還打什麼共產黨？」她嘴角上又浮起那絲揶揄的微笑。

「小事兒？」我望着她說。「這問題可大啦。」

「什麼大不了？」她抿着嘴望着我笑。

「我怕有人會打破我的腦袋。」我想起她在昨天晚會中那一槍直刺到對方的胸口上幾乎使他跌倒，我不免有點戒心，同時也有點好笑。

她聽了也忍不住大笑起來，隨後又說：「誰有這麼大的胆子敢打破我們拳擊家的腦袋？」

「我想只有一個人。」我說。

「誰這樣不知死活呀？」她俏皮地望着我笑。

「秦良玉啦。」我也望着她笑。

「她可不會管這些閒事。」她抿着嘴笑。

「有這樣大度嗎？」我故意試探她。

「宰相肚裡好撐船。」她說得非常清脆自然。

「女人眼裡可容不住一粒砂呀。」我兩眼灼灼地望着她，我想看看她到底有什麼反應。

可是她平靜得很，她仍然望着我笑：「這也不能一概而論。」

「妳到底同不同着我去？」我率直地說。

「這是你的事兒。」她仍然閃爍其詞，兩隻眼睛也一閃一閃的。

「不要現在大方事後又找麻煩囉！」我提醒她，我知道女人講話是不大算數兒的。

「笑話，」她冷笑一聲。「這同我有什麼關係？」

「好，那麼我去了？」我大聲地說，同時拔起脚來就走。

「慢點，」她馬上喊住我。「那兒去？」

「朗英家裡去。」我大聲地說。

「別急，我陪你一道去。」她拖聲拖氣地望着我笑，同時伸出手來挽住我。

「這怎麼可以？」我覺得很尷尬，朗英又沒有請她，她怎麼好去？如果她也去那不是叫我活受罪嗎？夾在兩個小姐之間那我會逼得氣兒也出不了的。

「怎麼不可以？」她笑着反問我。

「妳一個人去好了，我可不去。」我扯下她的手，我受不了她的拘束。

「那不辜負了朗英小姐一片好意嗎？」她望着我蠱惑地笑。

「我不敢領她這個情。」我氣憤地望着她。

「那不是太不禮貌嗎？」她挑撥地一笑。

「誰不禮貌？」我瞪着她說。「妳才不禮貌！」

「哼哼，」她忍住笑說。「我怎麼不禮貌？」

「誰請妳到她家裡去？」我大聲地說。

「朗英哪！」她臉上浮起一種夢樣的笑，嘴裡說着一種夢樣的語調。這種笑這種語調簡直刺得我有點心痛。

「她會請妳？」我睜大眼睛望着她，我不大相信她的話。

「不信嗎？」她笑着挽起我的手說。「那我們三人當面對質好了。」

這使我愈弄愈糊塗了，朗英怎麼會請她呢？她不知道張佩芷在妒嫉她嗎？

「妳去我不去！」我又扯掉她的手。

「嘿！男子漢大丈夫，你怎麼這樣小氣？」她嘲笑我。

我想想也對，只要她們彼此不妒嫉我又怕什麼呢？因此我對她說：「那麼讓我先去。」

爲了不使朗英看出我是到張佩芷這兒來，我請求她讓我先去，她等一會兒再去，說了很多好話她才同意這麼做，我覺得她眞不容易應付。

在路上我又想到朗英這次主要的是請我，但她還是先請了張佩芷，可見得這女孩子心細，也許只有她們女人才最瞭解女人的心理。

一回來我就對朗英說我可以去，並謝謝她的好意。她聽了高興得很，她還說鐵頭商大祥也答應同去。

「那妳太破費了。」我覺得她這有點像正式請客，這是便要破費幾個老盾的。

「我父親很佩服你們，這不過是表示一點小意思。」她眞誠地說。

她父親究竟是怎樣的人？我沒有見過，我在基地就的時間實在太短，很多白夷人士都沒有接觸過，她父親是個老叭，一定是在這周圍幾十里地很有點聲望的人物，能夠看看他那也是一種榮幸哩。

「妳父親今年多大了？」我好奇地問。

「五十。」她笑着說。

「妳家裡還有什麼人？」

「媽媽。」

「沒有別的人嗎？」

「還有我。」她笑着指指自己，顯得格外純眞可愛。

「那妳父母一定很愛妳的？」

「嗯。」她姣媚地點點頭，然後又含羞地說。「我希望他們也愛你。」

這使我不知道怎樣回答才好。我是一個到處爲家的軍人，由於自己的生活十分不安定，所以我一向對於婚姻問題很謹愼，雖然過去我也得到幾個女孩子的垂愛，但總不輕易地談到婚姻，所以到現在仍然是光桿一人，來到山區後想不到又碰到了張佩芷和朗英，我並沒有存心挑逗她們，可是第一眼我就看出她們對我有一種異樣的感情，我雖然十分謹愼，但我不能斷然拒絕她們，尤其是張佩芷，她和我生活在一起，戰鬥在一起，同過生死，共過患難，她又是一個非常聰明熱情爽朗的女性，有時簡直使你逃避都來不及，她像一股電流，有熱，有光，又快，又刺激，再加上她又是一個在情場上曾經滄海的女人，她很瞭解男人的心理，她懂得欲擒故縱的戰術，有時又會給你一個措手不及的襲擊，不被她俘虜那是很不可能的。朗英呢？她純潔得像一張白紙，處處一片純眞，你想對她說一句假話都覺得對不起自己的良心，如果斷然拒絕她那份感情我眞不知道會怎樣傷害她的自尊心？我不願意作劊子手，我不願意作漢夷團結的罪人。現在她又說出這樣的話來我只好格外謹愼小心，我要隨時提醒我自己是一個到處流浪的人，而且不知道在那一天會獻出自己的生命。對於朗英我是一個太不適宜的對象，將來有機會我一定要給她一個暗示，使她不致於傷心。

一會兒張佩芷就來了，她和朗英一見面就很親暱像姊妹一般，張佩芷眞像對待小妹妹般地對待她，張佩芷很老練，很有修養，除了我以外任何人也很難看出來她曾把朗英當成一個情敵，連朗英自己恐怕都不知道呢。現在看見她對朗英不露任何形跡的親暱勁兒，我更覺得張佩芷太成熟，她會自然地使你愛她，可是又不能不尊敬她。

「朗英，我們走吧，免得妳父親久等。」她挽着朗英說。

「好，我去請駱隊長一起走。」她馬上跑到鐵頭那邊去了。

「朗英今天這番盛意你怎麼報答呢？」她一搖一搖地向我走過來。

「多殺幾個敵人。」我把這句話來搪塞。

「人家可不是這個意思呀！」她笑笑說。

「那我多吃幾個糯米糰子好了。」我一味和她胡扯。

她的話剛說完鐵頭就嘿嘿地笑着走來。於是我們四個人跟着朗英向她家裡走去。

第二十六章

朗英的家在許多白夷人的房屋中是比較寬敞乾淨的，今天因為要招待我們又特別打掃了一番，桌子竹椅竹櫈都抹過了，火池中正在燒柴煮飯。

朗英的父親叫朗永和，他是一個誠懇，和藹，正直，勤奮的人，他那兩撇八字鬍鬚又顯得他很恬淡沉靜。

他和鐵頭商大祥、張佩芷都很熟悉，只有我是第一次見面，他很熱忱地招待我們，他的雲南話講得很好，好像還唸了不少書。經我詢問之後，他坦白地告訴我說他幼年在耿馬唸了幾年漢書，四書五經都唸完了，尤其歡喜看三國演義，他是二十多年前還到這兒來的，因爲那時他受不了苛捐雜稅和地方官吏的壓榨，他就帶着他的太太到山這邊來找土地肥美的地方謀生活，結果在這兒住了下來，但他對山那邊一直很懷念，他總希望那邊的情形會慢慢轉好，他就可以再還回去。但二十多年來山那邊的情形一直沒有改善，他不得不將自己的一顆想回去的心暫時按捺下來，共產黨佔領雲南之後，他的希望就完全破滅了。但游擊隊到山這邊之後他的希望之火又漸漸死而復燃，他很熱忱地同游擊隊合作，希望有一天山那邊能夠清平，他也好再回耿馬老家去。

鐵頭商大祥、張佩芷三人，都用雲南話和他交談，我用普通話和他談，在語言上我們沒有隔閡。

「聽朗英說你們這次打得很好。」他慢慢地轉入正題。

「不算什麼，我恨不得一口氣打到昆明去。」鐵頭粗聲大氣地說。

「駱隊長總是這麼性急。」朗永和摸着八字鬍鬚笑着說。

「他的頭髮一天天長長這也是一個果證。」我也笑着說。他的頭髮現在是更長了，像他這樣一個粗枝大葉性情又暴烈如火的人還一頭煩惱絲對於他的確是一種諷刺。

「真的，駱隊長你怎麼不把它剃掉了」朗永和彷彿也有同感。

「剃掉？」他睜大眼睛望着朗永和說：「不打到昆明王八蛋才剃掉！」

「這樣很不方便。」朗永和[redacted]說。

「再長我就把它紮起來。」鐵頭用手把那一頭散髮向後用力一摞看那樣子眞可以紮起來了。

「那不像個老太婆了？」張佩芷看了好笑。

「我看妳也和我差不多。」鐵頭[redacted]來望着張佩芷。

「我是女人，這不奇怪。」她[redacted]說。

「女人和男人一樣打仗也不平常。」朗永和望着張佩芷讚賞地笑笑。隨後又望望朗英對張佩芷說。

「我們朗英就比不上妳，她連一隻雞都不敢殺。」

「她是一位道地的閨秀，那像我這麼野？」張佩芷說。

「張隊長才是一位千金小姐，學問好，胆子大，見識多，我們朗英是在山窩裡長大的，沒見過世面，怎麼比得上妳？」朗永和謙虛地說。

「嘿嘿！你們何必客氣？張隊長自然不像我駱鐵頭這麼老粗，現在可也變成一隻母老虎了；朗英嘛，倒眞像一隻小白兎，[redacted]其實她們還不是一樣的？」鐵頭說完嘿嘿大笑起來，我們也被他逗[redacted]笑了。

「你這是什麼比喻？」張佩芷[redacted]笑着瞪他一眼：「簡直不三不四！」

朗英也吃吃地笑了。

「我駱鐵頭就是這麼一個老粗，沒有妳那麼文氣，本來想說文一點，但嘴巴一溜就粗起來了。」他說完又嘿嘿地笑了。

張佩芷也覺好笑。

「駱隊長心直口快，張隊長是巾幗英雄，都是游擊隊裡了不起的人物。」朗永和委婉地說。

「[illegible]，這位才是我們的英雄哪！」張佩芷指着我向朗永和說。

「當然，當然，我早聽朗英說過，所以今天特地請江副隊長同你們幾位來，好讓我見識見識。」朗永和向我欠欠身子說。

「別聽她的話，我什麼都不行。」我不是客氣，我眞担心朗永和對我再有什麼較深的印象。

朗英姣媚地望我一眼，張佩芷却俏皮地望着我笑，我覺得這兩種眼光對我都是一種煩惱，我的心在微微地跳。

「江同志，」朗永和改變了稱謂。「聽說你的槍打得很準？」

「他們三位打得比我更準。」我指鐵頭商大祥、張佩芷三人向他說。

「你別找我們開心吧，朗英就可以作證。」張佩芷望了我一眼又轉向朗英：「朗英，妳說是不是？」

朗英笑而不答，朗永和却接着說：「不錯，這也是朗英告訴我的。」

這使我很爲難，張佩芷却向我挑撥地笑，我心裡也奇怪，朗英怎麼會把這些事都告訴她父親？

「朗英小姐沒有看見他們三位打[redacted]，他們的槍法[redacted]打得比我好。」我[redacted]補充[redacted]說。

「我相信他們三位打得好，也相信江同志。」朗永和[redacted]說。

「嘿嘿！他不但會打槍，他還會打拳咧！」鐵頭[redacted]地說。

「他會的玩意兒還多啦。」張佩芷迅速地瞟了我一眼，我生怕她再說[redacted]戀愛之類的話[redacted]，我央求地望了她一眼。幸好及時止住。我也鬆了一口氣。

「江同志的武藝眞不錯，是從那裡學來的？」朗永和問我。

糟了，看樣子他對我興趣越來越濃了。這使我心裡更不自在，我馬上採取主動，我聽他說過他歡喜看三國演義，我立刻拉轉話題：

「是自己訓練的，但比關羽，張飛，趙雲這些古人來那眞差得太遠了。」

「現在自然不能比從前，古人的身體也比現在的人高大，五虎將的身體武藝那就更不用說了。」一談起三國朗永和馬上興味盎然。

「在三國中你最佩服那一位？」我抓住機會問他。

「孔明。」他冲口而出。「我們白夷人都佩服他，廟裡還有他的像。」

「眞的？」我很驚異。

「嗯。」他點點頭。

「爲什麼？」

「因爲孔明不欺侮人，不專靠武力征服，他隨便做那件事情都能使人心服。」朗永和平靜地說。我眞奇怪他對三國人物竟有這麼深刻的瞭解。

「曹操呢？」我又問他。

「他當然也是一個了不起的人物，可惜心太狠，人太奸詐。」他惋惜地說。

「他可趕不上共產黨。」

「我沒有看見過共產黨，我不能講這個話。不過，從他們在山那邊做的事情看來，可以證明共產黨比他更壞，曹操壞還只一個人，共產黨却有許多人，這就更可怕。」朗永和冷靜地說。

他這些話使我大大地驚奇，我原先沒有想到白夷人中也有這樣明智的人呢？最初我把他們看成一個落後的民族，事實上我也看見過很多文化水準極低的白夷人，尤其是山那邊的，他們比起滇西南的同族更要落後得多，像朗永和眞是出類拔萃的人物，這也許是他能當老叭的原因吧？

「你的看法很不錯。」我衷心讚揚他。

「我們太落伍了。」他感慨地說。

「不，你們的文化水準已經很高了。」我誇獎地說。和漢人比較起來，白夷人自然落後得多，但和邊區其他少數民族相較，白夷人又是佼佼者了。

「我們受山林的限制，很不容易有進步。」他望着我說。「如果朗英能上新學堂，她決不止現在這個樣子，這就是我爲什麼總想回山那邊的原因。」

他這句話又觸起我的感想，假使朗英受了現代教育，[illegible]不會比張佩芷差，比她們倆性格[illegible]，她將會學得專長的。

「朗英現在就很不錯啦。」張佩芷插進來說。

「還要請妳多多指敎。」朗永和非常謙虛誠懇地說。

「哈哈，我能敎她什麼呢？」張佩芷輕盈地笑[illegible]來：「能敎她打槍嗎？」

「她就是沒有胆量，一看見血就怕。」朗永和笑[illegible]說：「妳有空還是敎她一點新知識吧？」

「我不行，還是請江副隊長敎吧？」張佩芷望了我一眼，[illegible]。

「你們兩位都行，如果江同志也肯敎那就更好了。」朗永和一面說，一面[illegible]目光轉移到我身上來。

這又使我有點尷尬，我瞪了張佩芷一眼，她却格格地笑起來，我眞恨不得打她一個耳光，但朗英又深情地望着我，我只好若無其事[illegible]。

「我不行，我是一個老粗。還是她行，她是大學生，一定能夠勝任。」我[illegible]指着張佩芷向朗永和說。

「你們別客氣，就讓朗英向你們兩位請敎好了。」朗永和對這個問題作了一個結束。

朗英聽她父親這樣說快活地望了張佩芷和我一眼。這眞使我一則以喜一則以懼，喜的是我可以和朗英公開來往，怕的是張佩芷吃醋，或者[illegible]不經心跌進情網，[illegible]糾紛來。[illegible]在她們兩人之間我是無所適從的。如果在六七年前，我就會[illegible]不怕雷地兩人都愛，不要說兩個，再多也行，[illegible]在到底大了幾歲，他又是在這樣荒的大森林裡與共產黨作生死的搏鬥，因此我也就不敢再糊塗了。

正在我感覺左右為難時朗永和請我們入座，大家也輕鬆起來，我的心情也為之一鬆。

這頓飯自然算不了什麼大筵席，仍然是糯米糰子，只不過炒了幾樣青菜，一盤雞蛋，特別加敬的就是用土罐子燉了一隻雞。朗永和和朗英都勸我們多吃點雞肉，多喝點雞湯。我們這幾個人都老實不客氣，尤其是鐵頭，他用手撕下一隻雞腿就往嘴裡塞，朗永和和朗英都高興得笑了起來。

「嘿嘿，我可不會他們那樣的婆婆媽媽。」鐵頭啃完之後把手往褲子上一擦，得意地笑了起來。

「這才是英雄本色。」朗永和高興地說。

「你真是個張飛。」張佩芷笑着說。

「我也喜歡張飛的勇敢坦白。」朗永和笑着說。

「我可不願意跟妳姓張啦！」鐵頭指着張佩芷說。

「我不過說說罷了，誰要你跟我姓張？」張佩芷好笑。

「我駱鐵頭就是行不更名，坐不改姓。」誰要是真行我都服他。」

「這才是英雄好漢哪！」張佩芷接上一句。

朗永和也點點頭，隨後又問我：

「五虎將中你最佩服那一個？」

「趙雲。」我說。

「對，」朗永和連連點頭。「他有勇有謀，不爭功，不鬥氣，我看你倒有點像他。」

我聽他這樣說馬上出了一身冷汗，趙雲是個了不起的將才，而且又有將德，我不過是個毛頭小子，怎麼能比他呢？

「豈敢，豈敢！」我急不擇言地說。

「江同志你還年輕，國家需要你這樣的軍人。」朗永和完全以長者的身份十分誠懇地說。

朗英聽她父親這樣說立刻向我一笑，張佩芷[redacted]看在眼裡。我心裡很彆扭，但我假裝沒有看見，我只禮貌地回答朗老先生一句話：「我一定盡我十分力量。」

「你可不要辜負了朗老先生這番盛意啦！」張佩芷[redacted]一語雙關地說。

「謝謝妳。」我馬上頂她一句。我怕她再說下去，便想告辭，幸好商大祥駱鐵頭都支持我。

朗永和很高興地送我們出來，他希望我們隨時到他家裡去玩，最後他還對我說：「希望你好好地幹。」

朗英有點戀戀不捨地望着我，張佩芷卻走上前去和她親熱地話別，親熱得像學生的姊妹。

我盯了她一眼，我心裡在想：「這隻母老虎又搞什麼鬼？」

第二十七章 女人心如海底針 男子漢似榕樹根

走出朗家時天已經晚了，十五日的月亮很早就上升起來。商大祥和鐵頭先回去洗澡，張佩芷不想回去，我也不想回去，我覺得有些話要向她說明。

「妳在朗家怎麼老尋我開心？」我不高興地說。

「你不樂意嗎？」她俏皮地望着我。

「話不是這麼說，這種事情可不能開玩笑。」我睜着眼睛望着她。

「別假裝正人君子吧，」她也睜大眼睛駁斥我。「你心裡不愛朗英嗎？」

「妳別捕風捉影好吧？」我悻悻地說。

「別捕風捉影？」她望着我冷笑。「你以爲我瞎了眼睛？」

「我在什麼時間什麼地點表示過愛她？」我冷冷地問。

「哼，你會那樣蠢？你以爲我也會那樣蠢？」她又冷笑一聲：「難道你要我看着你們結婚？」

「這簡直是莫須有的事，簡直是無稽之談。」我把手一揮，我簡直想罵她一頓。

「你又何必這樣大驚小怪？」她反而望着我溫情地一笑。「我不過是防微杜漸罷了。」

「根本沒有那回事，妳防什麼微？杜什麼漸？」我憤憤地說。

「這種事兒可微妙得很，」她又向我一笑。「你是聰明人，何必要我說明呢？」

「妳在她家裏那種態度不是故意給我和朗英造機會嗎？」我睜大眼睛說。

「一點不錯。」她很自然地說。

「那妳又搞什麼鬼呢？」

「你看過三國嗎？」

「朗永和都看過我還沒有看過嗎？」

「你知道諸葛亮七擒七縱孟獲的故事嗎？」

「這還用得着妳講？」

「哼，我也是欲擒故縱呀！」她向我翻翻眼睛得意地一笑。

「哼，」我也一聲冷笑。「妳把我當作孟獲那個莽夫嗎？」

「我把你當作天底下第一個聰明人。」她向我笑笑。

「那妳就請別枉費心機。」我翻翻眼看她一眼。

「孫子兵法人人都懂，運用之妙却存乎一心。」她嘴角上又浮起那絲揶揄的微笑來。

「我不知道妳怎麼個運用法？」我翻翻眼睛說。

「天機不可洩漏。」她得意地昂起頭望着月亮說話。

「妳可不能玩弄朗英？」我警告她。

「喲！眞像個護花使者的口吻！」她白了我一眼。

「我不願意任何人損害她的天眞。」我繃起臉來說。

「這句話多冠冕堂皇呀！」她用眼角掠了我一眼。

「聽不入耳嗎？」我反擊她。

「不，我要立此存照。」她十分鎮定地說。

「我說話一定負責。」我望着她。

「我也是說到做到。」她也望着我。

「妳也想給我兩槍嗎？」我想起她打死那個[illegible]的愛人的故事。

「我沒有那麼傻。」她把嘴角往下一撇，眼睛却望着我笑。

「妳別賣弄聰明。」我嚴厲地說。

「你也別玩弄情感。」她可不像我一樣火氣，她仍然望着我笑。

「我從不玩弄情感。」

「我也從不賣弄聰明。」

「那妳規規矩矩地作一個女人好了。」

「你也規規矩矩地作一個男人好了。」

「我很規矩。」

「奇怪，天下會有妳這樣的女人？」我忽然覺得我怎樣也[illegible]。

「你把我看成害人精？」她向我走近一步，柔媚地問我。

「最少我得多吃幾包頭痛粉。」我的氣也漸漸消了。

「這是你的福份。」

「我可消受不起。」

「放心。」

「我可要吊胆提心。」

「那你真是神經病。」

「夾在兩個女人之間自然要損傷我的神經。」

「你一個人呢？」

「那很安靜。」

「好，現在我讓你安靜吧？」她向我做了一個奪人心魂的微笑，然後一溜烟地跑回茅棚去了。

她一走我又覺得格外孤單，我有點心神不定，剛才她那一笑彷彿攝走了我的靈魂，我一時辨別不出我對她是愛還是恨？

我一個人在操坪上漫步苦思，我不知道怎樣應付這兩個女人？我一抬頭又看見一棵大榕樹下靜悄悄地站着一個女人，那不是別人，那是朗英。她看見我忽然發現她，她也不再隱蔽，她慢慢地向我走來。

「妳怎麼一個人站在那兒？」我輕輕地問。

「我想送你回去。」她一片純真地望着我笑。「你怎麼還不回去？」

「今夜月色太好，我想散散步。」我言不由衷，我生怕她看出我的心事。

「張隊長剛回去嗎？」她天真地問我。

「嗯，」我躊躇了一會兒才說：「她有事。」

「我陪你走走好嗎？」她睜着那對小鹿似的眼睛天真地笑着。問

本來我想拒絕她但又怕她傷心，我担心她已經看見我和張佩芷的談話情形，如果真的看見那我更非答應她不可了。

「只走幾分鐘我們就應該去睡了，妳也早點回去好嗎？」我像哄小妹妹樣地說。

「我不想睡。」她天真地說。

「那怎麼可以？」我正經地說。「妳父親會講話的。」

「不，他從來不干涉我。」她天真地說，然後又向我深情地一笑：「他也很喜歡你。」

我不知道怎麼回答她好？我心裡想：「糟了，真的糟了！」

「你怎麼不說話？」她看見我不作聲，奇怪地望着我：「你不喜歡我父親嗎？」

「不，」我怕她誤會，我連忙解釋：「我很尊敬他。」

「這很好，」她欣然地一笑。「今天你高興嗎？」

「當然，」我漫應一聲。「不過我有點心事。」

「不要想它。」她天真地說。

「我想告訴妳一個故事。」我說。我心裡在編織一個故事。

「你講講看。」她抬起頭來向我天眞地一笑，兩顆綠耳墜子搖了幾下。

於是我開始講一個我自己杜撰的故事。我說從前有一個年輕的漁夫，一天他出航遠海捕魚，忽然遇到颱風，把他吹到一個海島上來，這個海島是世外桃源，從前沒有外人來過。島上有一位聰明美麗年輕的公主，她一眼看見這位青年漁夫心裡就愛上了他，並且帶他去見她的父親，她父親也很歡喜這青年人，因此她心裡更高興，她甚至想和他結婚。可是那個青年漁夫已經有一個同生死共患難的愛人，他非常感激公主和她父親的好意，但抱歉的是他不能和她結婚，因爲他不能撇下那個同生死共患難的愛人。

我講到這兒就不再講下去，我仔細注意她的臉色，她縐着眉，好像也爲那位公主苦悶，她一聲不響，她的眼淚快要流下來，半天才輕輕地說：「我想回去。」

「好，」我馬上扶着她。「我送妳回去。」

我送她走了一百多步，她忽然停住不讓我送，她含淚向我說：「這是一個傷心的故事。」

「別去想它。」我安慰她說。

「也許我會一直想到死。」她的眼淚跟着滾了下來。

「別那麼癡，」我笑着說，我心裡却比刀剮還要痛。「那是別人的故事。」

「不，你騙我。」她說着竟倒在我的懷裡哭了起來。

這使我一時手足無措，我恨我爲什麼要編造這個故事？不講這段鬼話不是更好嗎？

我實在沒有別的辦法，我只好改說笑話，說到第三個時我才把她哄住。但我還怕她傷心，所以臨走的時候我又勸慰她：

「朗英，別去想它，那是別人的故事。」

「我也要想一輩子。」她擦了一下眼淚匆匆地跑回去了。

朗英走後我又茫然無所適從，我覺得我的心很痛，我想我應該趕快解脫，我準備離開墓地，離開朗英和張佩芷，我想一個人到山那邊去打游擊，不然就請老長官把我調離此地，這樣決定之後我的心才漸漸平靜下來，我慢慢地向茅棚走去。

在茅棚門口我抬頭一望，月亮已經升到中天了。

第二十八章 受訓命令一張紙 反共大學三人行

一天上午，老長官派人找我去。一見面他就遞給我一紙命令，他說總部調我去反共大學受訓。我聽了非常高興，我以為我可以解脫了。但是我把命令打開一看，上面也有鐵頭和張佩芷的名字。我問這是什麼原故？他說上面很重視我們三個人的作戰成績，所以把我們同時調去。他並且囑咐我明天動身，我問隊上的事由誰負責，他說他會命令商大祥代理。張佩芷隊上的事不用說又是由隊附代理了。

我把命令拿回來之後我就告訴鐵頭和張佩芷，張佩芷聽了很高興，鐵頭卻不以為然，他說他從來沒有受過訓，他照樣地會打槍，何必多此一舉？早點回山那邊去打游擊不更實在嗎？我再三向他解釋，我說這是上面看得我們起，幹到老學到老，也許眞能學點東西？再則這也是上面的命令，不好不去。鐵頭經我這一說他也就同意了。

第二天我們三個人就啓程到猛撒去，兩天就到了。反共大學背山面水，環境倒很不錯。校門上嵌着一顆聯合國的徽章，青天白日旗則在高高的旗桿上飄揚。房屋都是茅棚，大教室和大禮堂倒也寬敞。

我們報到之後就分別編隊，我和鐵頭編在突擊隊裡，温佩芷則編在政治隊裡。我和鐵頭因爲是純粹的軍事幹部，規定受訓時要剪光頭，我是遵照規定剪了，可是鐵頭却不接受這種約束。因此他竟和訓導人員衝突起來了。

「這是學校的規定，你怎麼能不遵守？」訓導員起先還客氣地勸導他，後來漸漸冒火了。

「這是我的頭髮，我不剪就不剪。」鐵頭撮着自已的頭髮咆哮着。

「不剪就開除你！」訓導員也咆哮起來。

「你是什麼東西？」鐵頭指着訓導員的鼻尖質問：「你不准我打游擊？」

「游擊隊也有游擊隊的紀律，你不能破壞！」訓導員退後一步，但仍然義正詞嚴地說。

我知道鐵頭沒有在正規部隊幹過，他也許不知道軍隊的一切規定就是命令，誰也不能反抗，我怕他和訓導員鬧得太僵，因比我婉轉地勸他：「鐵頭，剃了再說吧，頭髮可以長起來的。」

「王八蛋！誰要老子剃頭老子就先幹掉他！」他忽然拔出兩枝手槍來，那個訓導員連忙倒退了好幾步。

「鐵頭，這可使不得！」我上前攔住他。

「什麼了不起？老子不當游擊隊還不是照樣打游擊？」他指着訓導員罵：「你王八蛋還敢阻止老子打[illegible]不成？」

訓導員還想回嘴，我馬上警告他說打死了人我可不負責。他看見鐵頭一臉殺氣也只好溜走，但一會兒就跟在教育長後面走了回來。

我先向教育長敬了一個禮，並代鐵頭說明他不肯剃頭的意思，他聽了我的話馬上走過去和鐵頭握手，同時笑着說：

「駱同志有志氣，我早就聽說你作戰的功績，這次我一定成全你，不剃，不剃。」

鐵頭聽說高興得嘿嘿大笑起來，還把教育長的手用力抖了幾抖，我看見教育長痛得直縐眉頭。

鐵頭一個人留着那麼長的頭髮，在我們這些光頭之中顯得特別刺眼，因此不上一天大家都把他認熟了，而且紛紛談論他。

有些知道他過去的出身的人都以好奇的眼光望着他，有些知道他的勇敢和槍法的人都想過來和他攀談，引爲無上的榮耀。

鐵頭起初對於這種刻板的訓練生活很不習慣，時常向我發怨言，他說這不是受訓，簡直是受罪，尤其是上課他覺得非常痛苦。

「他媽的！我駱鐵頭活了三十多歲，從來沒有受過這種洋罪，今天還要像三歲的毛孩子聽媽媽講話一樣，規規矩矩地坐着，他媽的老子心裡實在冒火！」

「慢慢地你就會習慣，好在學科的時間不太多。」我勸他。

「再多老子就要上吊了！」他瞪了我一眼。我心裡也好笑，我從來沒有看見他安靜地坐過十分鐘，現在一坐就是一個鐘頭，有時還要連續坐一個上午或下午，他總是縐着眉扭歪着臉，有時還會大聲地嘆起氣來。

「眞他媽的倒楣！早知道如此王八蛋才來！」他又埋怨起來。

「別心急，這些東西對我們都很有用處。」我又勸他。因爲我們現在學的都是游擊戰術和叢林戰術，而且教官講得不壞，對於我們今後作戰的確大有用處。

「這有什麼稀奇？」他輕蔑地說：「他們不過賣賣嘴巴，眞的打起仗來我駱鐵頭最少抵他們兩個。」

鐵頭是一個注重實際行動的人，平常決不講一句廢話，說幹就幹，他這個觀念的養成已經有很多年了，自然不是一天改變得過來的。而且他常常輕視愛講話的人，他說這種人就只一張嘴巴，做起事來打起仗來就有個屁用。因此他對於戰術教官也抱着這種觀念，他實在瞧不起他們那種書生味兒，他認爲這不像一個武人，武人就是要不怕死，能打仗就行，而武人又都應該像他那個樣子的。他最初瞧不起我也是基於這種心理。

我不好正面說他，我知道他打仗也的確很行，尤其是我們目前這種戰爭，他是第一流的好手。現在他所需要的就是課堂生活和書本生活，經過長久的磨鍊他也許能成爲一個全才。

「忍耐一點，多聽聽總有益。」我只好這樣說。

「如果他們的槍打得比我好那我才眞佩服，專靠嘴巴有個屁用！」他粗聲大氣地說。

他當初對我也是這種態度，但我不能叫教官和他比武，而且這些教官當中說不定眞沒有一個是他的對手。如果眞不如他那他是更加瞧不起的。

果然，一星期之後他對於上課就非常厭倦了。他常常遲到，或藉故請假，我怎樣勸他也提不起他的興趣，他的筆記簿子還是一頁頁白紙，只在封面上寫了「駱中興」三個大字，而且是歪歪倒倒的。

「你這樣不好，如果教官抽查起來會影響你的成績。」我婉轉地勸他。

「嘿嘿！」他大笑起來。「成績？紙上談兵有個屁用？去他媽的！」

他把筆記本子用力一摔，本來沒有訂牢的紙張就一頁頁飄揚起來，他望着那飛散的筆記簿子又哈哈地大笑起來。

我沒有辦法，我只好彎着腰替他一張張撿起，因爲筆記簿上完課後是要繳的，他沒記我還可以替他補起，如果連筆記簿子都沒有那就說不過去了。

「算了吧，算了吧！」他向我擺擺手：「我不想再受這個洋罪了！我準備明天回去，打打槍要比上他媽的鬼課痛快得多！」

「這怎麼可以？」我睜大眼睛望着他。

「怎麼不可以？這有什麼了不起？」他輕蔑地說：「頂多不讓老子幹游擊隊。」

「不是這個意思，你如果回去就辜負了上面一番好意。」我說。

「算了，算了！」他搖頭擺手地說：「這對我沒有一點好處，再就下去老子眞要生病了！」

他的臉痛苦地扭歪着，顯得非常難看，他的兩道濃眉簡直擠在一塊了。

「忍耐一點，你再就一個禮拜看看。」看他那種痛苦的樣子我也不忍心過分勉强他，我只希望他再忍耐一個星期，如果他再要走我也盡了我最大的努力，在老長官面前也可以交代[redacted]去了。

「嘿！一個禮拜？一天二十四個鐘頭，一個禮拜多少時間？」他睜大眼睛望着我說：「你知道我眞[redacted]的度日如年[redacted]嗎？」

「再難受你也要多就一個禮拜，不然你就對不起司令。」最後我只好把老長官抬出來，我知道他對司令很尊敬，他[redacted]知道司令很愛護他的。

我這句話果然發生了效果，我看見他把牙齒一咬，斬釘截鐵地說：「好吧！上刀山老子也要捱過這一個禮拜。」

這使我非常高興，但是上課時他還是提不起興趣，有時會從鼻孔裡噓幾聲，有時索性把頭埋在大腿間呼呼大睡，我生怕教官看見，我總是替他遮掩。

日子過得好像特別快，這個禮拜又只剩最後一天了，我心裡實在焦急，因爲鐵頭毫無再留下來的意思。他却比我高興得多，他一開頭就指着指頭數日子。現在只剩最後一天，他簡直有點樂不可支了。他喜沖沖對我說：

「我駱鐵頭說一句算一句，現在只剩最後一天了，這個禮拜天我該可以走了吧？」

「聽便。」我心裡不痛快，他錯過了這個教育機會還能特地給他一個人辦一個學校嗎？我想他是命裡注定和書本無緣的，我真有點替他惋惜。

但是最後一天居然發現了奇蹟，在一次戰鬥演習中幾位戰術教官都親自參加實彈射擊，而且槍法奇準，說打什麼地方就打什麼地方，一分一厘不差。這使鐵頭看得目瞪口呆起來。事後我從側面打聽，這幾位教官都是從正式軍官中特別挑選出來的，學術科都是最優秀的，在軍校畢業之後還在專門兵科學校進修過，而且都有十年以上的戰鬥經驗，又都是從見習官按步就班地幹上來的。

演習回來之後我笑着問鐵頭：「怎樣？明天幾點鐘走？」

「媽的，還是就下去吧！」

他紅着臉笑了起來。

第二十九章 駱鐵頭虛心學習 張佩芷重視對手

鐵頭現在非常用功，上課時他很注意聽，再也不是那副瞧不起人的樣子，雖然有很多軍事術語和專門名詞他不懂，但他事後一定問我，而且虛心地記下來，這使我非常高興，在一天功課完畢之後我一定要陪着他散散步，他不去我又硬拉着他去，雖然有好幾次他表示不願意這樣「假斯文」，但他還是跟着我走，不過他走得比我快，那不像散步，那簡直像競走。

「你看鐵頭那股勁兒？」張佩芷笑着對我說。她最近同我在一起的時間不多，她的功課和我們的稍有不同，只有吃飯時和黃昏時才可以碰碰頭，尤其是黃昏，她決不輕易放過這個機會。

我一看鐵頭我也好笑起來。他硬着脖子大步大步地直往前走，前面來了人他也決不讓路，一股勁兒往前衝，他寧可停下來等我們，他沒有把手插在褲子口袋裡面或反背着手慢慢地踱着這種雅興。

「他就是這麼一個人。」我[illegible]望着她笑。

「難怪他不能談戀愛。」她[illegible]說。

「你不要他的命？」我哈哈大笑起來。像他那種個性他怎麼會耐煩去和女人鬼混呢？如果女人在他面前撒了幾次嬌或者哭哭啼啼他真會一槍把她打死的。

「他除了强姦，我看他一輩子也找不到女人[illegible]。」她[illegible]地笑了起來，我也被她逗得[illegible]笑。

「也許有那種不怕死的女人呢？」我忍住笑說。

「誰願意嫁他那塊鋼鐵？」她盯我一眼。

「他和我們不一樣是有血有肉的人嗎？」我[illegible]說。

「但他缺少人的溫情。」

「實際上，像他這樣的人其實是一個最忠實的丈夫。」我讚揚他。

「像他那樣死板板的有什麼趣味？」她微微地扭動着身體。

「太羅曼蒂克了也很危險。」我用眼睛警告她。

「如果女人不能駕馭自已的丈夫那還有什麼用處？」她自負地揚揚眉。

「妳還是什麼鐵拳頭？」我笑着問她。

「這才可以試試女人的身手。」她又把身子微微一扭。

「不要打得頭破血流，」我知道遇着這種事情的夫妻們是不免要打架的。

「如果這也要打架那證明兩個人都沒有意思。」她輕蔑地說。

「什麼話？」真糟，她竟敢訓起我來了。

「就是這個意思。」她輕盈地點點頭。

「那我可要採用鐵頭的辦法。」我自然地握起拳頭。

「請打？」她滿不在乎地望着我。

「嗯，」我點點頭。我想如果女人損害我男性的尊嚴時我是會以拳頭對付的。

「說得那麼輕鬆？」她向我揶揄而又極其甜美地一笑，同時向我靠攏一步：「喏，我讓你打！」

我想不到她會有這一着，看她那副樣子我怎樣也打不下手，我想鐵頭也打不下手。

「總算我碰到一個真正的對手。」我放開拳頭。鐵頭我不怕，甚至比鐵頭再兇的人我也不怕，可是對張佩芷我却毫無辦法。我覺得越來越捨不得她。

「一個人如果碰不着對手那才是一件最悲哀的事。」她微微仰起頭望着我笑。

「尤其是兩性之間。」我也望着她笑。雖然我還沒有結婚，但我看見過許多夫妻，往往男的什麽都行，女的却一竅不通；或者女的樣樣都好，男的却是天字第一號的蠢材。

「就是打架也應該有個對手。」她向我嫣然一笑，挽着我的手在我耳邊輕輕地說：「我覺得你很好。」

我也得意地笑起來。我拍拍她的手輕輕地說：

「那你還敢一個人老遠跑到這兒來打游擊嗎？」

「眞的，假如你不來我們也許永遠不會認識？」她把我挽得更緊，兩眼突然射出異樣的光彩。

「那我就輕鬆得多了。」我漫應着。

「怎麽！你把我看成一個累贅了？」她馬上白我一眼。

「就是有點令人坐臥不安。」我笑了起來。

「神經病，活該！」她笑着駡我。

我用力把她的手一揑，她痛得叫了起來。我又哈哈地笑了。

鐵頭忽然在前面停了下來，看樣子他等得有點不耐煩了。我們一走上去他劈頭就說：

「誰叫你們到這裡來談情說愛了？」

我望着他笑了起來，張佩芷却挑撥地說：「你不談戀愛嗎？」

「嘿嘿我不愛女人，女人也不愛我，談個屁！」鐵頭嘿嘿地大笑起來。

我們在溪澗邊一塊大石頭上坐了下來。淸澈的澗水從我們的脚下潺潺地流過，澗中的石頭有的嶙峋地露在水面。

這兒雖是總部的所在地，是游擊隊和土人眼中的首府，但嚴格地說起來還比不上內地各省的一個村落。在東南亞地圖上也找不到它的名字。據說在總部遷到這兒之前，它還是一片密茂的森林，只有獵人偶爾通過的小徑，經過同志們的披荆斬棘，把幾千年的古樹砍倒了，在山腰上蓋起一排排茅棚，在小盆地裡開闢了一個大操場，還修了兩條小馬路，這樣才勉强像一個市集。我們這所反共大學也是新蓋起來的，僅僅可以遮雨，連風都是擋不住的。

「我們這所反共大學恐怕眞是空前絕後了。」我指着那所簡陋的大茅棚說。裡面已經點燃如豆的燈火了。

張佩芷問我鐵頭爲什麼逃學？我把經過的情形告訴她，她也笑了起來。

「鐵頭就是這些地方可愛。」她爽朗地說：

「對勁就幹，不對勁就拉倒，我駱鐵頭就是這種性格！」他的大嘴巴一咧，十分地向着我們說。

「痛快！」張佩芷馬上向他伸出大拇指來。

「妳也不婆婆媽媽。」鐵頭也讚揚她。

「因爲我們是鄰縣人。」她向他一笑。

「我呢？」我指着鼻子笑着問她。

「你是個壞東西！」張佩芷指着我的鼻子笑着說。

「他也是個壞人，不過比我多喝了幾瓶墨水。」鐵頭笑着接嘴。

「那也不是壞事。」我說。

「[illegible]是腦筋裡會打圈圈。」鐵頭接着說。

我笑了起來，張佩芷也笑了。

「如果你在這兒畢業回去，你腦筋裡也會打圈圈。」我笑着鼓勵他。

「嘿嘿！我是根直腸子，十個大學畢業也改變不了心腸。」他嘿嘿地笑起來。

「總有點好處？」我說。

「或者能幫助我多打死幾個共匪。」鐵頭點點頭。

「那也不錯。」我說。

「能夠打回昆明更好。」鐵頭說。

「那你就可以剪頭了。」張佩芷向他一笑。

「我們彼此一樣。」鐵頭也向她一笑。

於是他們兩人各自摸摸頭髮然後又相視一笑。

著色漸漸深沉，淺灰色的瘴烟完全包圍了我們，但操場上仍然有三兩個人持槍劈刺的聲音，繼之而起的是大茅棚裡煤油燈下一陣陣朗朗的書聲……

第三十章 猛撒街上趕集去 水壩完成糯米多

在一個禮拜天的上午，我們整理好了內務，清潔好了周圍的環境之後就再沒有什麼事了。張佩芷邀我和鐵頭上猛撒街上去玩，她說今天是趕集的日子，附近二三十里路的白夷人都從深山中揹着土產上街來賣，很可以去見識一下。抗戰時我在川湘公路上的所里，永綏，秀山，酉陽，黔江等縣鎮就過一個時期，那些地方 逢三六九或二五八日都有苗人趕集，的確很有意思，尤其是苗人婦女，穿着長袖大擺的衣服，頭上身上綴滿了銀飾，雖居深山中但少女皮膚的白嫩秀麗和那種羞人答答的樣子實在別有風趣。可是這已是很多年前的事了，如今[redacted]河山變色，[redacted]，回想起來真是恍同隔世。今天能在猛撒街上看着白夷人趕集倒也是一件樂事。因此我欣然答應她同去，鐵頭看見我要去，他一個人就在學校裡也無聊，他也決定隨着我們行動，在此地我們白人就是最新近的。

一走上小街果然人聲嘈雜，熙熙攘攘。街上盡是攤販，東西都擺在地上，都是吃的土產和簡單的手工品，間或也有從緬甸小城裡輾轉販來的布疋日用品之類的貨物。

白夷人所通用的貨幣是一百年以前印度所發行的銀元——老盾，有的也實行以物易物，有老盾有貨物就可以以有易無了。有的白夷小孩沒有帶什麼貨物，他們却把從山上捕來的松鼠，穿山甲，貓頭鷹等小動物關在自己做的竹籠裡提到街上來賣。

白夷人非常和氣，女人尤其善良，她們看見我們走過來就笑着向我們兜攬生意，一開頭照例是「大漢理理理」，我不會講夷語，鐵頭倒很能講，張佩芷講得最流利，她也笑着和她們打招呼，有時看見什麼好玩的東西就停下來和白夷人談笑半天，間或也買一兩樣放在口袋裡，一個老盾倒能買不少的小玩意。白夷人做生意很規矩，値一毛錢老盾的東西他們決不會多要一個，你多給了他們一定會退回，有時他們和你說得很投機他們情願奉送一文不取，如果你不接受他們反而認爲你瞧他們不起。

我們走到小街的中心忽然發現一塊大木牌子，上面有中夷兩種文字，我們走近去一看才知道是「愛民守則」，一共有十條，我們一條條地看下去：

一、態度要和氣
二、買賣要公道
三、借住房屋要商量
四、借東西要送還
五、損壞東西要賠償
六、不損壞莊稼

七、不調戲婦女

八、不打架不吵罵

九、軍民一家如手如足

十、順從民情尊重風俗

我們看完之後彼此互相望了一眼，我笑着問張佩芷：

「你犯了那一條？」

「我一條也沒犯，剛才買東西你不是親眼看見我給錢嗎？」她[illegible]地說。

「我的脾氣不好，但沒有和白夷人吵過架。」鐵頭生怕我問他，馬上搶着說。

「我們兩人倒沒有犯，你自己可犯了。」張佩芷帶點冷淡的口氣說。

「我犯了那一條？」我奇怪地問她。

「調戲婦女。」她望着我笑。

「胡說！」我嚴厲地叱斥她。「我調戲誰？」

「朗英！」她十分清脆地說，同時俏皮地一笑。

「妳為什麼老開我的玩笑？」她一提起朗英我就有點生氣，我又有一個多月沒有和朗英見面了。

「誰開你的玩笑？」她白了我一眼。「難道還假不成？」

我眞恨不得打她一記耳光，但街上有這麼多白夷人，鐵頭又在身邊，鬧起來實在不好看，我只好忍住氣說：「說話要負責任。」

「有鐵頭保證。」她向鐵頭望了一眼，這一眼有挑撥他的感情和請求他支援的兩種作用，她實在是個心眼極多的女人。

「嘿嘿！我才不管你們這些爭風吃醋的事情。」鐵頭笑着說。

我心裡得意得很，我以爲張佩芷[illegible]一定要羞得無地自容，但她的臉只微微一紅，隨即笑着罵鐵頭一句：「你就是這樣不懂風情！」

「嘿嘿！妳要我調戲女人？」鐵頭又嘿嘿地笑着說：「我才不幹這種鬼事情。」

我聽了好笑，張佩芷也只好無可奈何地笑着白他一眼。

我怕白夷人注意到我們，連忙拉着他們走動，我一面走一面輕輕地對張佩芷說：「妳不要胡扯，我可沒有調戲朗英。」

「那麼是朗英調戲你囉？」她馬上盯我一眼。

「哈哈，剛才和妳是怎樣的情形。」我忍不住笑了起來。

「滾開！」她白了我一眼又輕輕地把我一推。

「你們兩人又搗什麼鬼？」鐵頭好像有點看不順眼。

「是她不安分。」我笑着說。

「你再胡說我可要不客氣！」她瞪了我一眼，那樣子眞有點威嚴。

「今天是禮拜天，我們應該快快樂樂的。」我同她一笑。

平常我們也實在忙得很，難得有這麼一個好機會三個人在一塊兒在街上輕鬆一下，如果張佩芷眞的鬥氣那是非常掃興的。

「還不是你自己搗鬼？」她又白了我一眼，但馬上粲然一笑。

「不是搗鬼，我不過是提出來檢討檢討罷了。」

「我問心無愧，你自己可要檢點。」她盯着我說。

「這件事兒可用不着妳偏勞。」我故意冷淡她。

「犯了別的事兒你關禁閉都活該，這件事兒我可要問要管。」她一點不放鬆我。

我們[illegible]

[illegible]，她的心鐵定了，她要看見我和朗英了！

我不再和她並肩行走，我上前去和鐵頭同行，小街上的人愈來愈多，深山裡的白夷人還不斷地向小街湧進，有的趕着騾馬揹着土產來，有的用頭頂着或用肩背揹着，一路上有說有笑，一碰見我們游擊隊就「大漢理理理」，這句話彷彿成了他們的口頭禪，正如抗戰時美軍見了我們就翹起大姆指「頂好頂好」有同樣的意味。

「街上的人是愈來愈擠，不是你碰着我就是我碰着你，我怕[illegible]佩芷擠散了，便回過頭來探望她，她卻緊跟在我身後，她一看見我回過頭望她她就盯我一眼，同時輕盈地一笑：「我看你跑到那兒去？」

我也不免好笑起來。

走着，走着，忽然一隻大手捉住我的臂膊，我一看才知道是同隊的一位姓吳的同學。他問我到那兒去，我說禮拜天沒事兒在街上隨便溜溜，他却邀我去看中興水壩的落成禮，我問他在什麼地方？他說離此地三十華里，我着路遠不想去，他說總指揮在那兒親自主持，並說這水壩的落成每年可以多產六十萬噸糯米，對於軍糈民食有很大的貢獻。聽他這樣說我就決定去看看，鐵頭也同意去，張佩芷却不作聲，我以爲她怕走路，我想她不去我倒可以多點自由，我心裡正暗自高興，但我還是問了她一聲：「你打算怎樣？」

她的答覆却出乎我的意料之外，她向我翻翻眼睛：「你到那兒我到那兒。」

「好呢！少兜圈子，我們就走。」我無可奈何，我只好催促她早點動身。

但她却慢慢吞吞地回答我：「你這樣急幹什麼？等會不餓嗎？」

她隨即掏出一塊老盾，在一個白夷女人的籮筐裡買了一大堆白薯，然後又要白夷女人三五個一串用篾穿好，這樣就便於提携，這又使我對她不能不佩服。她攷慮得非常迅速而周到。白薯這東西既可以解喝，又可以充飢，的確經濟而實惠。

我們每人提着一串白薯邊走邊吃，一路談談笑笑很有趣味，不到三個小時我們就走到了。

我們到達時水壩周圍已經圍滿了許多人，白夷人一看見我們走來連忙讓出空隙讓我們走進人叢中去。

我一看這個水壩大約有十六米長，六米寬，四米高；都是用石頭混和着泥砂築成的。這個工程比起大都市的工程自然算不了什麼，可是在這兒却是一個破天荒的水利建設。據說這條小河在雨季時是急流滾滾，在旱季時又常常乾涸，它的水兩岸的糯穀田不但不能利用，反而受到它的災害。水壩築好了，需要的水量可以儲蓄起來，不需要的可以放出去，現在水壩上游就儲滿了碧清的水，我眞想進去洗一個痛快的澡哩。

「這兒的水眞像滇池的水一樣清澈。」張佩芷指着滿河清水輕輕地對我說。

「妳想游泳嗎？」我笑着問她。

「這麼多人怎好意思下去？」她盯了我一眼。

正在我們竊竊私語時總指揮和一位三十多歲的隨從走到水壩上去，他向一千多游擊隊員和白夷人用漢語講話，由那位隨從用白夷話翻譯。

他說他今天能夠親眼看見這個水壩完成他心裡非常高興，因爲以前曾經失敗過兩次，泥石堆好一半又被急流冲走，最後他親自監工，化了一千八百多個人工曆時半月才算完成，他對於出過力流過汗的弟兄們很讚揚了一番。

「這個水壩的完成以後每年可以多出產六十萬噸糯米，這對於夷胞的生活有很大的幫助，對於我們游擊隊也有好處。從現在起，我把這個水壩命名爲『中興水壩』，這條河命名爲中興河。……」他站在壩上向兩岸的人興奮地說着。

總指揮講完之後岸上就響起劈劈拍拍的鞭炮和土銃聲。白夷人都高興得歡呼起來：

「大漢，理理理！」

「大漢，理理理！」

有的白夷人簡直高興得流淚，尤其是老年人幾乎個個含淚欲滴。

這時我忽然瞭解「大漢，理理理！」這句話的意義。

第三十八章

我們在反共大學受了三個月的訓練之後又回到雲南去打游擊。這次除了我們原有的突擊隊員仍然潛伏在各縣之外，還有上次投奔到基地來的許多老百姓跟着我們回去，現在他們已經由老百姓變成游擊隊員了。

這次我們在各縣活動比上次更能得到老百姓的掩護，隨處都可以睡大覺。鐵頭比以前更大胆也更心細了，三個月的訓練磨掉了他一點草莽之氣，還是非常可喜的。張佩芷這次專門注重發展地下組織，在好幾縣建立了地下行政機構。

在各縣活動了三四個月之後，我們就調到卡瓦山區駐防休息，上面又另外派了一批人過去。

老共[illegible]對[illegible]我們眞是毫無辦法，小部隊吃我們不消，大部隊又不敢過來，在軍事方面他們是一籌莫展，共全處於挨打的狀態。但是共產黨是一個狡猾的敵人，他們決不甘心看着我們坐大，他們隨時隨處都在想辦法消滅我們，不斷地向我們展開心理攻勢。

在卡瓦山區我們先後發現了敵人不少的宣傳品，裡面有「安全回家通行証」和各種歌詞小調。歌詞小調中有一首題目叫做「不要跟着李彌殘部走」，極盡挑撥離間的能事。「安全回家通行證」的背後則印着下面這類的中夷文字：

「你們吃的是芭蕉心，睡的是草棚，山中的毒蛇猛獸隨時都會吞噬你們的生命，你們妻離子散為什麼還跟着李彌走？

過來吧！回大陸，我們歡迎你！」

這種心裡攻勢是非常毒辣的。但是我們也發現很多撕得稀爛的「安全回家通行證」，尤其好笑的是在完整的通行證後面常有用鋼筆或者鉛筆批着下面這類的字句：

妻離子散是被共產黨害的，吃芭蕉心睡茅草棚就是要報仇雪恨！

有的則寫得非常粗鹵直率：

狗×的！少來這一套，老子的心鐵定了！

鐵頭看見這類的字眼他就哈哈地大笑起來。

「鐵頭，這很像你的口氣嘛！」張佩芷開他的玩笑說。

「嘿嘿！痛快！痛快！」他又嘿嘿地笑起來：「王八蛋！這瓶毒藥騙不到我們了。」

但是我還是有點擔心，我們的生活這樣苦，芭蕉心的苦澀味道我在這兒嚐過好幾次了，竹皮搓打的草鞋是會磨破脚的，茅棚既不能遮風又不能擋住野獸，一張開眼睛就是無涯的森林，隨時隨地都可以碰見幾尺長的毒蛇，蚊蟲簡直可以用手抓，充耳的是咕咕的猿啼和唔唔的虎聲，這日子並不是容易忍受的，人類的忍耐力究竟能大到那種限度現在我還不知道。萬一再也忍受不下去那又怎麼辦呢？而共產黨的心理攻勢是決不會停止的，他們深深知道謊話講到一百遍就可以變成眞理，這種宣傳詭計，如果再這樣向我們進攻下去那會發生怎樣的後果呢？實在很難說。

有一天我又發現幾張「恭賀新禧」和「團圓」的賀年片。正面印着一對穿得花蝴蝶一樣的女人在大街上看玩龍燈舞獅子的快樂神情，背後則印着「新中國是天堂」的小調。「團圓」賀年片的正面印着一家夫妻兒女大魚大肉地吃年夜飯的天倫樂趣，背後則用對話體裁寫一個游擊隊員眷屬過年的淒涼情景。這兩種賀年片在卡瓦山區看起來眞有點觸目驚心，我再看看上面的年月日是一九五三年正月我心裡也不免一怔，我們過的是一種不知年月的原始生活，我算算我自己來游擊區也一年多了。這一年多的生活是文明社會的人想也想不到的，但鐵頭和張佩芷比我躭的時間更久，老長官汪漢濤是已經整整三年了，我自己想想這種淒凉艱苦的生活和大陸家人不知是死是活的情景我也不免掉下淚來。

我把這幾張賀年片摺起來放在上衣口袋裡不敢拿給鐵頭和張佩芷看，我怕他們看了難過。但有一次張佩芷在我口袋裡取鋼筆時忽然被她發現了，她隨手抽了出來，她一看是共產黨的宣傳品她馬上瞪着眼睛嚴厲地問我：「你爲什麼藏這種東西？」

「我怕你們看見了心裡難過。」我說實話。

「哼，我看你有點動搖了是不是？」她冷酷地說，完全不像以前對我的那種態度。

「沒有這回事，」我竭力否認。「我不過覺得心裡有點難受而已。」

「哼！還想抵賴？」她冷笑一聲。

「我為什麼要抵賴？」我嚴正地辯白。

我覺得她有點不分靑紅皂白，但我萬萬沒有想到她會忽然掏出手槍來，而且指着我大聲地說：「老實告訴我，不然你就別想活！」

我看看她的臉色嚴厲得怕人，眉毛豎起眼睛血紅，臉皮綳得緊緊的，牙齒咬着，我從來沒有看見過她這種臉色，我連做夢也沒有想到她會這樣對付我。但我親眼看見過她打死了過去的愛人，難道現在我也要死在她手裡嗎？如果我眞有一絲動搖，那她一槍打死我也沒有什麼好說。而我收起這幾張賀年片是因為自己心裡難過，又怕她和鐵頭看了難過，所以才沒有公開，我是留起來警惕自己的，不然我早就把它撕了。但是，現在却不能取得一個愛我的女人的諒解，那我這一年多的苦頭是白吃了，老長官對我的厚望也落空了，家裡的父母也不知道我是怎樣死的，而且我也從來沒有想到我會死在蠻荒的卡瓦山區，死在一個女人的手裡。我越想越難過，越想越傷心，我不禁悲從中來，我悽涼地說：

「佩芷，槍在妳的手裡，妳愛打那兒就打那兒，我也不想活。但是我要向妳說明一點，我實在沒有動搖過。如果妳要打，我請妳讓我死得痛快一點，不要浪費第二顆子彈。我死之後，請妳日後捎個信兒給我的父母，就說我是死在愛人的手裡的……」

然而她沒有開槍，撲倒在我的懷裡，我的眼淚更像打開了的水龍頭洶湧地流，於是我們抱頭痛哭起來。

一會兒我們就警覺地擦乾眼淚，幸好鐵頭不在，不然眞有點尷尬。隨後我又當着她的面把幾張賀年片撕得粉碎，用力往森林裡一擲：「去你的！差點送掉我一條命！」

此後共[redacted]的宣傳品還時常被現，而且派人滲透過來，我們抓住了好幾個，有的天良發現坦白地供認出來，而且交出同謀者的名單，然後我們就派人把他獲送到基地去。有的則執迷不悟，刁頑傲慢，我本來都想解到基地去，但張佩花和鐵頭不同意，他們說我們的兵力不多，說不定什麼時間有事。我想想也對，山那邊敵人的兵力超過我們幾倍，我們一點也不能疏忽，再則我又怕他們說我姑息，引起誤會，我也只好由他們處置，自然這些傢伙是一個也逃不出他們的手的。

有一天我們又抓到一個女的。起先我們以爲她是奸細，但她始終不承認，她只說她是共[redacted]派出來的「尋夫隊」，到山邊來找丈夫的。我們問她找誰？她說出了她丈夫的姓名，恰巧是我們的部下，不過在五十里以外地區防守，我們只好把她暫時收押，同時派人去把她的丈夫叫來。第二天她的丈夫就來了，他們一見面就抱頭痛哭。隨後她丈夫問她爲什麼跑到這邊來？她說共[redacted]逼着她來找他回去。

「妳來了家裡的孩子誰照顧？」他奇怪地問她。

「他們扣起來了。」她含着眼淚說。

「王八蛋！好狠！」他咬着牙齒駡。

「你到底回去不回去？」她問他。

「[illegible]也不去上他們的圈套！讓他們幹好了！」他斬釘截鐵地說。隨後又問她：「妳呢？」

「我一個人回去有什麼用？他們還不是連我和兒子一起宰？」她說着又哭了起來。

「別回去，我們一起幹，我請求隊長收留妳。」他向她說。她含淚點點頭。隨後他又向鐵頭請求收容她，鐵頭起先不大同意，經我和張佩芷力爭，他才讓他們夫妻兩個一道打游擊。

像她這樣的「尋夫隊」我們隨後又收留了三個，整個游擊隊的女兵也一天天增多起來。

第三十二章 緬甸軍助紂為虐 游擊隊死中求生

一天我們正計劃向敵人的一〇八師突擊時，忽然奉到司令的命令要我們迅速向薩拉開拔，這兒的防務由附近的部隊延伸接替。原來緬甸政府在共產黨的威脅唆使之下動員了全國國防軍二十幾個營企圖一下打下我們的總部所在地猛撒，在猛撒舉行閱兵典禮，這是一個多麼狂妄的想法！他們的進攻路綫根據司令給我們的命令中的「敵情判斷」是這樣的：

第一路：從猛撒的西方猛畔渡過薩爾溫江，抵達薩拉，箭頭指向猛敦，從西南方攻入猛撒。

第二路：從北方猛丙向猛布進攻，南下猛撒。

第三路：從東部景棟與大其力間的猛叭西進，對猛撒完成包圍態勢。

從司令給我們的命令看來，是要我們去迎擊第一路緬軍的。

當我們帶著四百多人（我們的隊伍是在一天天擴充，如果不是鐵頭要求太嚴，現在最少有六七百人。）穿過無數的森林不分日夜地趕到薩拉時，駐在薩爾溫江彼岸的兩千多緬軍已經渡過江來了。我們來不及休息，就把部隊沿薩爾溫江東岸薩拉以西地區一線拉開，因為兵力太少，每隔三四十公尺才有一個人防守，我們之所以敢於這樣做一是憑我們隊員百發百中的槍法，除非睡覺敵人是不容易逃過他們的手的；二是憑藉千年古樹作掩護，為了避免毒蛇猛獸的傷害和便於監視襲擊敵人，我們隊員們都爬上樹去。當然有些險要的地方我們還是採取縱深配備的。

起初敵人一上來頗有點趾高氣揚旁若無人的樣子，機槍步槍咯咯拍拍地打過來，大概他們已經知道我們的兵力不多，而且相當疲憊，所以才有這種狂妄的態勢。

但是我們的隊員都不聲不響，因為我和鐵頭曾經交代過他們「兩不打」：

一、不看見敵人不打；

二、敵人不到一百公尺之內不打。

他們自已也訓練有素，平常總是五六十公尺左右才開槍，每槍必中，決不浪費一顆子彈。這次我們所帶的子彈雖然足夠消滅五六倍現有的敵人，但是我沒有看見一個隊員亂放一槍，節省子彈已經成為我們每一個隊員的習慣了。

這次敵人一共有四五百人分着前後兩批向我們進攻，他們前後的距離大約有一百多公尺。我們睜着眼睛望着他們前進，五百公尺，四百公尺，三百公尺，兩百公尺，距離慢慢地縮短，一面前進還一面射擊，他們也許根本沒有發現我們，因爲他們的射擊一點不準，只能看作是一種試探示威，或者是壯壯自已的胆子，因爲我們沒有誰咳一聲嗽，整個森林裡像死樣的靜寂。

時間一分一秒地過去，他們也一步一步地逼近，看樣子他們的裝備倒不壞，鋼盔，卡平槍，子彈也裝得滿滿的，就是亂打槍，一路拍拍拍地打過來，像鞭炮似的。假使這些子彈送給我們，那不知道已經打死多少敵人了。

他們向我們一步一步地逼近，現在已經突破一百公尺的大關了。但是我們沒有一個人射擊，到九十公尺時還是沒有一個人射擊，八十公尺時仍然沒有一個人射擊，七十公尺時樹上還是靜悄悄的，這時我不免有點担心起來，我們走了三天三夜，大概隊員們太疲勞了，坐在樹叉上睡着了都說不定。我看着敵人越來越近，不能不射擊了。當他們進入五十公尺的界線時，我向前面一個排長樣的軍官打了一槍，他馬上倒了下去。接着各個樹叉上吐出一條條火舌，拍拍的槍聲，噓噓的子彈聲，奏成一片森林中的交響樂聲，敵人一個個地倒下去，後面的敵人向我們亂打一陣，機槍也咯咯地叫起來，子彈不是打在樹幹上就是從我們頭上飛過去，但一會兒他們就慌忙地退回去了，我們也停止射擊。森林中忽然沉寂起來，天也漸漸黑了。

天黑之後我和鐵頭商量派出四分之一的隊員向前推進，讓他們在前面一兩百公尺的地方担任警戒，其餘的隊員趁黑夜好好地睡一覺，他們也實在太需要休息了，明天再讓前面那批隊員休息，這樣就可以保持體力。我們不知道這個戰爭什麼時候才能終止，看他們動員全國軍隊一定是要幹一場的。這樣決定之後鐵頭就傳令向前推進，其餘的人都可以在樹上睡覺。一會兒樹上就發出一種過度疲倦的鼾聲，此起彼落，這些隊員們實在太可憐也太可愛了。我自己也因爲過度疲倦，不再失眠，我把背向粗樹枝上一靠，全身就像一個鬆了彈簧的發條，馬上呼呼地睡着了。假如這時敵人有胆爬到樹上來，他們一定可以捉到我的。

忽然我被一陣緊密的槍砲聲驚醒，我連忙揉揉眼睛，定神一看，天還只剛剛亮。憑我的經驗判斷，大概敵人是向我們展開拂曉攻擊了。不過時間已經晚了一點。

我和鐵頭馬上命令前面的隊員們分作兩翼向前包抄過去，做成一個口袋等敵人進來。他們剛剛展開我就發現前面八九百公尺的地方有五六百敵人向我們進攻過來，這次他們謹愼小心得多，不像昨天那麼狂妄了。但還是照樣地打槍，一點不沉着，這正和我過去帶的新兵差不多。他們打槍不一定是看見敵人，多半是爲了壯壯胆子，倒眞的看見敵人時反而手忙脚亂了。這些緬兵現在也不一定看見我們，但他們仍然盲目射擊，唯一的一尊大砲也算不準距離，機槍也是咯咯地亂吼，我心裡不免暗笑，這些武器要是握在我們手裡，保證他們一個也回不去。

「[redacted]王八蛋！這是怎麼個打法？」鐵頭在樹上大聲地駡起來。

「三十夜放鞭炮，劈劈拍拍。」我說着也忍不住笑了起來。

「等會兒我來好好地幹他們幾個。」張佩芷也在樹上笑着說。

「這種硬仗倒用不着妳打，等會兒接近了妳還是領導妳的部下喊話吧。」我對她說，這次我們去雲南時她就帶了十幾個男女政工隊員去配合工作。在卡瓦山區駐防時他們也在一塊，這次到薩拉來他們也一道來了。除了張佩芷一定要和我們在一塊之外，其餘的隊員們，我和鐵頭都要他們留在後面，必要時請他們上來喊話。因為他們懂得很多種語言，也會說緬語，張佩芷自己也會，她過去曾在仰光就過一個時期，現在正用得着，而且司令部早已油印好一批中緬兩種文字的小傳單，同命令一道交給我們，要我們在前線散發，也很適於喊話，所以我特別提醒她。

她聽我說馬上跳下樹去叫他們上來。

這時一顆砲彈忽然飛了過來，剛好落在張佩芷前面五六公尺的地方，她迅速地伏了下來，幸好沒有受傷。爆炸過後她又連忙爬起來向前奔跑，鐵頭看見她一頭長髮披撒得像野女人的樣子，禁不住笑了起來。

以後又接連飛來兩顆砲彈，但是距離我們有三四十公尺，這三顆砲彈的彈着點彼此也相差很遠，這足以證明他們的砲兵也沒有受過良好的訓練。但聽砲聲和看炮彈爆炸的情形可以判斷這是一尊一〇五公分的榴彈砲，這要是在我們手裡一定可以毀壞他的幾個碉堡。

他們的步兵一面向我們打槍一面彎着腰向我們逼近，不到射程之內我們是不會理他們的。這次他們可聰明了，在離我們大約兩百公尺的地方就匍伏下來，慢慢爬進，他們打了一陣看見我們仍然沒有動靜就不敢繼續前進。忽然有些緬兵用步槍舉起牛奶罐頭用華語向我們大喊：

——過來吧，這邊有牛奶！

——你們餓着肚皮不好受，這邊的牛奶又香又甜！

——投降吧，我們優待你們！

我眞想不到他們還會這一套。不錯，他們是國防軍，他們有牛奶，我們是餓着肚皮的中國游擊隊，我們向他們喊什麼呢？我們不能喊我們這邊有糯米糰子，我們這邊有芭蕉心呀！何況我不會講緬語，鐵頭也不會講，他只笑着罵了一句：「王八蛋！他們也會來這一套？」

但張佩芷帶着政工隊員們來了，她先叫他們分開，隨後她自己就爬到我這棵樹上來。她聽見緬兵喊她也用緬語大喊，所有的政工隊員都喊了起來。我聽不懂他們喊些什麼。我問她，她才告訴我他們喊的是下面這幾句話：

——我們不是敵人，你們爲什麼來打我們？

——你們全國只有二十幾營兵，我們有幾萬人。

——如果你們不趕快撤退，我們一定消滅你們。

——快點放下槍來，我們拍手歡迎！

這些話的確喊得不壞，但我覺得還少了一點什麼，他們用牛奶誘惑我們，我們一定要用點更好的東西來對付他們，我很快地想到雞，我決定要伙伕到山下白夷人家裡去買幾隻雞，烤熟了預備明天用。

他們一面喊又一面打槍。我們只喊不還擊，因爲他們沒有十分接近我們，我們不願意浪費子彈。

忽然天上有轟轟的飛機聲，我抬頭一望，透過大樹的枝葉發現了一架輕轟炸機從薩爾溫江那方面向我們飛來，我們僅有三挺輕機槍，這還是從共產黨手裡奪過來的。在我和鐵頭附近正架着一挺，我馬上命令機槍射手對空瞄準，我和張佩芷鐵頭也把槍口朝上。那些伺伏在地上的緬兵看見自己的飛機來了馬上趾高氣揚，加緊向我們攻擊，這時我們也只好還擊了。

飛機在我們頭上飛了兩圈之後就開始用機槍掃射，我們的機槍也對準它射擊，它不但沒有射擊着我們，反而打死了好幾個緬兵。大概它掃射得還不過癮，後來越飛越低，有一次從我們頭上一百多公尺的上空掠過，我們的機槍射手馬上格格格地射出一串子彈，它的翅膀一歪，尾巴後面冒出一股烟，直向薩爾溫江那方面栽下去，隨後就聽見轟然一聲，它是完蛋了！這一下我們都高興得叫了起來，地上的緬甸兵看見自己的飛機被打下來了就有點手忙脚亂，馬上開始撤退，我們迅速下樹追擊，左右兩翼的隊員們也向他們進逼，我們的子彈都從他們的背心射進去，他們一個個地倒下來，又死掉两百多，追擊了五六百公尺遠我們才退回來，因爲前面有他們的砲兵陣地直機槍陣地，還有碉堡和戰壕，他們是早有作戰準備的。

這天就是這樣過去了，我們爲了久守起見，除了派一部份隊員担任警戒外，其餘的人都趕着挖戰壕作掩體，化了一整天時間，使每人都有一個簡單的工事掩蔽自己。同時我們把陣線調整了一下，由一字形改爲u字形，爲了防止敵人中央突破，在u字底又採取縱深配備，加强兵力，因爲這兩仗打下來我們發現敵人是採取中央突破戰術。如果不縮短戰線集中兵力，假如他們一次來一千多人攻擊那是有被他們突破的危險的。

第三天拂曉他們又開始攻擊，這次眞的來了一千多人，幾乎是全部出動，有點來勢洶洶，我們也嚴陣以待。

這次一開始就打得非常激烈，他們一尊一〇五公分的榴彈砲也打得比較準確，幸好我們挖了工事，沒有什麼死傷。他們攻了兩個多鐘點絲毫沒有進展，於是他們又向我們喊話：

——快投降，我們不打你們。

——我們歡迎你們過來！

——過來！我們請你們吃牛奶！

我要張佩芷他們把昨天伙伕弄好的烤雞拿出來，揷在刺刀上舉起來向他們喊話，他們照着做了。

——過來，我們請你們吃烤雞！

——趕快放下武器回仰光去！

——我們不是好惹的，別自討沒趣！

雙方喊了十幾分鐘，鐵頭聽着聽着忽然笑了起來：「嘿嘿！他媽的！這算打什麼仗呀！」

「這是攻心戰。」我笑着說。

「嘿嘿！不如乾脆衝過去，把他媽的心挖出來！」他笑着說。

「這可不行，他們人多。」我鄭重地說。

「他媽的，這種打法不知道打到那一天才能打完？」他壓低聲調說。

「不管怎樣，我們一定要死守，有人增援時我們馬上反攻，把他們趕過江去。」我輕輕地說。

忽然敵人吹起急促的衝鋒號聲，一百多個緬兵向我們直衝過來，因為我們的地勢高，他們跑上來很費力，這時我們隱藏在樹上的狙擊手找着了一個很好的打靶機會，鐵頭也像點名一樣一槍一個。他們沒有一個人衝到五十公尺之內，十之七八是打死了，其餘的抱着頭溜回去。敵人的攻勢受了這次挫折後一直到天黑都不敢再衝上來，反而撤了回去。

夜晚我們又都上了樹，一則是防制野獸，二是防制敵人偷襲，這樣我們可以打他們，他們却摸不着我們。

我們四百多人和敵人兩千多人這樣僵持了一個月，他們始終沒有突破我們的防線。有時他們也實行迂迴戰術或夜襲，但都被我們機動地打了回去，他們先後死傷了六七百人，我們只死傷了三十多個。因為他們是攻，我們是守，我們的身體很少暴露。再則他們的槍法和我們的相比那真相差太遠了！而且他們又不沉着，吃了幾次敗仗之後，更是一聽見我們的槍聲就怕。有一次鐵頭一聲吼叫拍拍兩槍就駭跑了他們一排人。所以越到後來他們就越不敢攻，白天出來試探幾下就退回去了，晚上則躲在碉堡戰壕裡不敢探出頭來。但我們常常有三五個大胆的隊員趁着黑夜摸過去，每次去總不打空手回來，這使他們睡覺都不安神。但是我們也有損失。有一次一個姓高的隊員用手榴彈塞進敵人的碉堡時不幸被敵人打死了，當時他的屍首就被同伴搶了回來，他混身都是血，搶回之後還是咬牙瞪眼，全身僵直，樣子非常怕人。我想用手合攏他的眼皮，但是一點沒有效果，他還是那麼直瞪瞪地睜着，身體也像鐵一樣地僵硬。我心裡很奇怪，我想他心裡也許有一股怨氣。於是我向他跪下來，鐵頭張佩花也向他跪下來，那揹他回來的幾位隊員却撫屍痛哭，我們異口同聲地向他宣誓一定替他報仇，他的身體這才慢慢地軟化，眼皮也慢慢地闔攏了。其他殉難的隊員也多半是咬牙瞪眼而死去的，簡直沒有一個是安靜地閉上眼睛，不是緊握着沒有打開保險蓋的手榴彈就是緊扣着槍的扳機，這種死狀我在以前也很少見過。另外我們還有一種生活方面的痛苦。除了吃不飽之外還常常沒有水喝。因爲我們是在山上，水很困難，現在不是雨季，薩爾溫江那麼多的水我們又喝不到嘴。有一次在戰事激烈的時候我們只好喝馬尿，但我們帶來的騾馬只有二十多匹，馬尿也不夠喝，一盅馬尿常常兩三個人分着喝，我和張佩花就共着喝一盅，起先她聞聞那股騷味只縐眉頭，不敢嘗試，後來實在忍受不了——她的嘴唇都乾破了皮——她就咕嚕咕嚕地喝了下去，還好意地留了幾口給我，並且十分溫情地對我說：「你也喝點吧。」

我把他喝剩的馬尿兩口喝完了，喝馬尿在我並不是第一次，和日本人打仗時我已經嚐到過了。

有的人撈不着馬尿喝就喝自己的尿，但是因爲身上的水份不多自己的尿也不夠喝。這情形直到反共大學的學生來增援後才改善，因爲他們一到我們就開始反攻了。

反共大學的學生勇氣十足，但他們每五個人才有一枝步槍，其餘的四個人有的拿受訓用的竹槍，有的拿着手榴彈，有的拿着繩索——準備活捉敵人。我們以奪來的勝利品分給他們還是不夠，但他們就憑着竹槍手榴彈繩索和我們一樣向敵人進攻，有的拿着手榴彈衝進敵人的碉堡，有的拿着竹槍在黑夜裡摸進敵人的戰壕，奪取敵人的步槍，有的像捉賊一樣地用繩索綑住敵人，有的用刺刀穿進敵人的背脊。我們的隊員由於這批伙伴的勇敢也格外勇敢。加之司令帶着病坐着布兜前來指揮，更鼓舞起如火如荼的士氣，沒有一個人不勇往直前，以一當十。兩三天工夫我們就把敵人統統逼到江邊，準備捉活，但是總部的指示却要我們放敵人一條生路，讓他們逃過江去。結果我們只好含着淚望着他們倉皇地逃過靜靜的薩爾溫江。如果上面允許我們打，那他們是一個也回去不了的。不過他們也為我們留下了不少彈葯武器，那至緬甸只有八尊的一〇五公分榴彈炮也送給我們一尊了。

我們把薩拉這方面的敵人趕過薩爾溫江之後，除了留下少數的部隊駐守之外，清掃戰場搬運戰利品的工作則留給白夷民衆去幹。我們立刻轉移到猛撒以北地區的猛布去增援。在猛布北方羊坎一帶繼續作戰。

當我們抵達猛河以後就遇到了緬甸政府認為是最會打仗的部隊，由欽族和克欽族混合編成的「山頭兵」。但我們却不理會這些，也不和他們正面接觸，因為他們的武器確實比我們好。我們却在夜間出其不意地迂迴到他們背後，猛襲他們設在羊坎的指揮部。這一迅雷不及掩耳的打擊使他們連穿衣服都來不及，他們的指揮官也只穿了一條短褲逃命。鐵頭想追上去結果他，我勸鐵頭讓他回去報個信兒免得以後再來找麻煩。鐵頭把手槍往腰上一插好笑起來：

「他媽的，這就是最好的山頭兵？」

這時東面猛撤方面的敵人知道這兩路人統統垮了也只好夾着尾巴逃回去，我們也懶得去追。這個歷時四十五天的戰役這樣就結了。

在這一次戰役中總計我們從緬軍手中奪獲了彈藥三十萬發，足夠裝備一個加強營的槍枝，騾馬一百多匹，電台十二部，一〇五公分榴彈砲一尊。如果緬甸政府不受朱毛的利用，發動全國兵力來攻擊我們，那他們是不會有這麼重的損失的。在我們却是一筆送上門來的禮物，眞是却之不恭。所以隊員們都這麼說：

「感謝緬甸政府的援助，送來這麼多的軍火。」

我們回到基地之後白夷人又非常熱烈地歡迎我們，還送了不少土產來慰勞，朗永和又請我們吃了一次飯。朗英和我有幾個月沒見面，一看見我就有無限的嬌嗔，好像我欠了她一筆人情債似的。事實上上次去反共大學受訓以及再度去山那邊打游擊時我都沒有來得及向她辭行，同時我心裏也有一種怕見她的毛病，何況張佩芷又盯得我很緊。

「怎麼你上次走都不告訴我一聲？」她轉着那對小鹿似的眼睛輕輕地問。

「對不起，時間實在太匆促，來不及向妳辭行。」我向她抱歉地一笑。

「我看你好像有點不定心？」她望着我的臉說。

「因爲這一向生活太緊張，我隨時都在担心敵人。」我只好用這種話來搪塞。其實這幾個月來我也無時無刻不在提防敵人，尤其是最近和緬軍一個多月的戰爭，我從來不敢大意一下，因爲我們是以劣勢的裝備和少數的兵力來對付他們，大部兵力放在東線防備共產黨來擊我們，我們完全靠警覺和經驗取勝，現在回到基地來心情才算鬆弛下來，但又有張佩芷和朗英這兩個極不好應付的女人，現在我雖然在和朗英說話，但我心裡還在提防張佩芷，生怕被她發現，不然又要費一些口舌來解釋。朗英也很聰明，所以一眼就看出我的心情來了。

「現在你總用不着担心了？」她望着我笑。

「當然，當然。」我連忙答應。其實她怎麼知道我此刻比在戰場上更不安心呢？我並不怕緬軍，我倒有點怕張佩芷，我認爲她比緬軍要難應付。她的眼睛，她的嘴巴，對於我不知道要抵多少緬軍。

「這次你打死了多少緬兵？」她好奇地問。

「這倒沒有算過。」我老實告訴她，因爲我打了十年仗，在戰場上打死一個敵人實在和廚子宰一隻雞同樣地不足爲奇，自己也不知道何時何刻被敵人打死？誰也沒有心情去計算自己打死了多少？白天有時還注意一下，一到夜晚誰也看不清敵人是不是自己打死的？這次和緬兵打仗我們這一批人前後大約消滅了他們八九百人，但我自己究竟打死了多少緬兵眞沒有統計過，大約和鐵頭的成績差不多吧？據鐵頭說他大概打死了二三十個。

「打仗很辛苦吧？」她天眞地問。

「不算辛苦，只喝了幾次馬尿。」我笑着回答她。

「爲什麼不喝水？」她睜着一對靈活的眼睛奇怪地問。

「朗英，因爲沒有水喝啦。」我拍拍她的肩頭說。我覺得她太天眞，正和那位聰明的皇帝問飢餓的老百姓爲什麼不食肉糜是同樣的天眞。

「你瘦得多了！」她忽然說道。

「眞的嗎？」我睜着眼睛問她，同時摸摸自己的臉。我向來不照鏡子，來山區之後更懶得看自己這副尊容了。鬍鬚也是個把月才刮一次，刮的時候也不照鏡子，一面刮一面摸，沒有鬍鬚椿子就算刮好了。現在朗英說我瘦了我也不知道是眞是假，因爲來山區之後我一直沒有磅過體重。離開台灣時是七十八公斤，現在我也不知道有多少重，摸摸兩隻膀子和大腿，大約總輕了十公斤，這是兩年來打游擊的成績，而不是最近這一次瘦下來的。

「嗯！」她點點頭。隨後又笑着說：「瘦一點更好看。」

「好看？」我哈哈地笑了起來。我知道我這副胚子決抵不上汪精衛梅蘭芳的，我不是那種小白臉，我一點也不好看，大耳朵、大鼻子、高顴骨，兩隻不太馴服的眼睛，半月形嘴角微微上揚的嘴巴，紫銅色的皮膚，這怎麼比得上汪精衛梅蘭芳那類的美男子呢？我自己頗引以爲自慰的是一八〇公分高的身材，和兩隻寬闊的肩膀，以及打出去有兩百磅力量的兩隻拳頭。但朗英好像又不是指這幾點。

「顯得更有精神。」她馬上補充一句。

「妳從什麼地方看出來的？」我笑着問她。

「眼睛。」她立刻回答。

這也許是眞的吧？在軍校受訓時我受過挺胸邁步平視的基本訓練，尤其是眼睛，我們那位中隊長特別注意訓練，他總要我們聚精會神地注視着前方一個適當的目標，最少要注視三分鐘，還不准眨一下，眨動一下又要重新來過。

「妳也比從前漂亮了。」我向她一笑。她現在比從前胖了一點，正像一隻熟透的蘋果，一碰就會掉下來。白夷的女孩子本來十五六歲就結婚的，她現在快二十歲了，還是待字閨中，我眞有點替她惋惜，我心裡也有一種說不出來的惶恐不安，如果她對我老不死心，那就會貽誤終身大事了。

「是嗎？」她臉孔微微一紅，然後又盯我一眼。「你說假話？」

「漢人不說假話。」我半開玩笑地說。

「有些漢人倒很會講假話。」她天眞地說。

「妳討厭漢人嗎？」我故意問她。

「你們很聰明。」她笑着回答。

「有的人也很愚蠢。」我說老實話。

「妳覺得張隊長怎樣？」她忽然睜着兩隻小鹿似的眼睛問我。

我覺得她這句話問得有點不平常，也許她已經發覺我和張佩芷有什麼異樣？也許是一種假想？但是我怎麼回答她呢？我誇獎張佩芷嗎？我又怕朗英聽了心裡有點醋意。說張佩芷不行來討好朗英嗎？這種話我可說不出口，因為張佩芷實在是一個了不起的女性。我考慮一下之後我只好採取攻勢，我反問她：

「妳覺得她怎樣？」

「她很好看，」她坦白地說。「又很聰明勇敢。」

我覺得她的看法倒很不錯，這証明朗英這女孩子很有眼光。我不說什麼，我只同意地點點頭。

「你愛她嗎？」她天真地盯着我問。眼睛裡面閃着一種智慧的光芒。

這一下可真擊中我的要害了！我說真話嗎？朗英一定會傷心地哭起來。說不愛張佩芷嗎？我心裡又很愛她，雖然我還沒有更進一步的想法，但我心裡實在不能否認我愛她。朗英這樣問也許是妒意，也許是好奇。但在我看來卻無異逼我攤牌。我能攤嗎？不能攤，也不敢攤，因為我心裡也愛朗英哪！雖然我們完全沒有佔有她的意思，但在心裡愛一個女人或者愛兩個女人總不犯罪吧？何況是她們兩人先愛我呢？如果朗英自己不先斷念，我實在沒有這麼狠心一下砍斷她向我伸過來的那隻天真無邪的可愛的手的。因此我只好避重就輕地說：「她和我是同志。」

「同志和愛人有什麼分別嗎？」她又天真地望着我。

「一種是同志愛，一種是兒女愛。」

「這兩種愛會不會混合起來？」

這眞很難說，別的單身男女是不是能舉起慧劍斬斷情絲我可不知道，但就我自己的經驗來說，我已經不知道試驗過多少次？可是總舉不起手來。在表面上我對張佩芷有時很冷淡，甚至流於冷酷，但過後心裡實在非常痛苦。在工作上我和張佩芷是同生死共患難的伙伴，彼此隨時照顧這是非常自然的，在私情上她又像一根扯不斷的絲，而且愈纏愈緊，現在簡直使我無法解脫，也不想去解脫。這是不是朗英所說的兩種愛的混合呢？要我解釋我可解釋不出來，我實際上的感覺確是那樣。至於我和朗英呢？雖然她也是一根很難扯斷的絲，但我們却沒有一同出生入死，我想這也許是我對她和張佩芷在感情上唯一的一點區別？此外再也分不出什麼輕重不同了。但這我怎樣答覆她呢？我一時想不出適當的詞句，因為我不是詩人，我沒有運用語言和文字的天才，我覺得我過去和朗英張佩芷談話時已經發揮了我最高的智慧。但這種智慧仍然是一種戰爭的智慧，不是文學的智慧，假使我不是專搞槍桿，攻過十年八年文學，那我一定能夠應付得好點，遇到現在這種關頭決不會這麼窘。現在朗英這句話已經把我逼得沒有退步了，我所有委婉好聽點的話都已經用完了，我想自己編一個一時又編不出來，我只好直率地說：「這很難說。」

她聽了臉上好像掠過一道陰影，半天說不出話來。我連忙推說有事，趁機向她告別，但她忽然向我說一句：「你以後如果離開這裡我希望你還是先告訴我一聲。」

我連忙向她點點頭，我像做了一件虧心事似的立刻拔起脚來向自己的茅棚跑，望也不敢望她一眼。

第三十四章　四國會議大撤退　中華兒女又流浪

當我和鐵頭商大祥張佩芷四個人正在司令的房間裡和司令副司令研究怎樣再去山那邊給共[redacted]一次重大的打擊時，司令的副官突然氣吁吁地跑進來報告：

「報告[redacted]，剛才收聽到曼谷的廣播，說在曼谷舉行的四國會議已經決定立即將游擊隊撤離山區，分批運回台灣去。」

老長官聽到副官的報告受雷殛一樣地忽然一怔，他的眼睛睜得大大的，大得簡直怕人，隨後他手上的軍用大地圖慢慢地掉下來，大顆大顆的眼淚往下滾，忽然他迸出所有的力量長嘆一聲：

「唉！共[redacted]沒有辦法消滅我們，自己人卻給我們當胸一刀！這一刀把我們的心都挖出來了！」

他說完之後又咬着牙齒用力在桌上搥了一拳，那個四根木頭架着的克難桌子馬上嘭的一聲垮了下來。我的血管也快要爆炸了，每一個人的臉和眼睛都充滿了血液。鐵頭忽然拔出槍來朝茅屋頂上啪啪地打了兩槍，同時大聲地咒罵着：「王八蛋！誰要老子到台灣去老子就先幹掉他！」

是石副司比較冷靜[redacted]，他吩咐副官把桌子扶起來，他要大家商量一個對策。可是大家一時都氣得講不出話來，房子裡顯得死樣的沉默。我心裡在想，這是共[redacted]對我們的一次大謀殺！由於去年他們吃了我們一次大敗仗，損失了幾千人槍，丟了十六個縣，這對他們的確很難看。而且平常又被我們騷擾得日夜不安，但又不敢到山這邊來找我們打，眼看着我們一天天長大，滇西南各縣的老百姓不斷地跑到我們這邊來，原來只有千把人在這兒打游擊，現在越打越多，打出幾萬來了，幾乎所有的[redacted]民族和滇西南的老百姓都變成了游擊隊，最少也是游擊隊的同志，這樣發展下去對他們確是一個很大的威脅。台灣的[redacted]軍要反攻大陸還要渡過大海才能上來，我們只要一翻過山就到了，而且我們經常在他們的臥榻之旁來往，只要一旦反攻，我們這柄匕首隨時都可以插進他們的頭顱，這對於他們當然是一件最傷腦筋的事。但他們對我們沒有辦法，他們却天天壓廹緬甸政府，要他們剷除我們，所以才有今年春天的大戰。偏偏緬甸軍隊不濟事，也吃了一個大敗仗，假如我們對他們不客氣，那他們的國防軍就全部消滅了。但是緬甸政府並不悔悟，他們還時常派飛機來轟炸我們，又向聯合國控訴我們侵略。如果我們眞要侵略他們的話，那早已沿薩爾溫江打到瑪打萬，攻入仰光了。現在我們在這一片原始森林的蠻荒之地，緬甸政府的行政力量從來沒有達到過的山區從事[redacted]復國的工作，這對於他們不但沒有一點壞處，簡直是幫助他們守住後門，防止共毛的侵擾，假使我們一旦撤走，那他們只有事事聽命於朱毛了！這眞是再也糊塗不過的事。但他們竟甘心受朱毛的利用，替他們拔除眼中釘，打開自己的後門，這算什麼玩意？而自由世界的領導者美國也居然同意這麼幹，這不是怪事？難道我們反共不應該嗎？難道美國是和蘇聯共匪站在一塊嗎？這就使我越想越糊塗了！究竟誰是敵人誰是朋友呢？難道我在山區兩年世界眞的變了嗎？共產集團的征服了全世界嗎？但我又明明知道這件事——共產黨並沒有征服我們呀，那麼富強的美國，那麼廣大的自由世界，怎麼見了共產黨就發抖呢？這眞是怪事！二十世紀難道專出怪事嗎？我們在這一片原始森林裡並不怕什麼鬼怪呀！爲什麼光天化日的[redacted]世界反而怕妖魔鬼怪呢？我們只有一些陳舊的槍枝，但我們照樣地打共產黨，而且打得他們雞飛狗跳。難道手裡有了原子彈膽子反而小了起來了，那要它們有什麼鬼用呢？我眞是越想越氣，越想越弄不通，這到底叫做什麼政治哲學呀？我們整個大陸不就是在這種奇怪的政治哲學底下丟掉的嗎？我眞想像鐵頭那樣拍拍地打幾槍，出掉這口寃氣。如果這時有誰拿着一紙命令要我跟着他到台灣去我不一槍打死他們就[redacted]。

「諸位，我們還是冷靜一點，請問有誰願意到台灣去？」我忽然聽見石副司令，這位倮族的土司冷靜地說。

「王八蛋才去！」鐵頭大聲地駡着。

「我們希望回家，我們並不要跑得那麼老遠的地方去過快活日子。」商大祥[redacted]地說。

「老子並沒有犯法，自已帶槍打共[redacted]，誰也沒有給我駱鐵頭一文，我爲什麼要聽別人的命令？」鐵頭大聲地說。

不錯，他是自已帶槍帶人來打共[redacted]的，石中玉副司令也是一樣，商大祥也是自已帶槍帶馬來的，百分之九十的人都是如此，除了共[redacted]經常給我們補給，緬軍也補給一次以外，誰也沒有給我們一條槍，誰也沒有權力來約束鐵頭，商大祥，張佩芷和石中玉他們。尤其是鐵頭，他在龍雲盧漢時代被誣爲土匪，後來共[redacted]想利用他又沒有利用着，他完全憑自己的意志和良心作事，他是一個不接受任何方面的恩寵，不接受任何方面買賣的硬漢，除非敵人把他的頭割下來他是永遠不會停止反抗的。老長官能約束他嗎？我能約束他嗎？石副司令能約束他嗎？假如這時我們有誰說出一句約束他的話他的子彈就會馬上飛過來的。商大祥原是一個馬幫，他沒有作過任何方面的一官半職，因爲共產黨毀滅了他的家他才到這兒來打游擊的，誰能約束他呢？難道能約束她嗎！張佩芷如果不是共產黨殺了她的父母，沒收了她的房屋，她會到這兒來嗎？恐怕她還在過着她的紙醉金迷的小姐生活吧？或者已經戴上方帽子呢？我也是自願來的，沒有誰給我一紙派令，老長官也是爲了復國事業才在這兒茹毛飲血的。我兩人和鐵頭他們唯一不同的地方就是我們是正式軍校出身，除此之外大家完全是一樣的。我們的目標也只有一個，打共產黨。這是我們最基本最單純的結合。不分種族，不分男女老幼。

「駱隊長，你到底打算怎樣？」石副司令問他。

「這裡不讓老子就回家去幹總沒有那個王八蛋敢放屁！」鐵頭十分粗魯地說。

「你呢？」石副司令又轉問商大祥。

「我和鐵頭一起。」商大祥簡單而有力地說。

「張隊長妳呢？」他又望着張佩芷說。

張佩芷望了我一眼不作聲，她在今天是唯一沒有表示意見的人，但我看得出她內心裡也痛苦得很。

石副司令隨後又轉過去輕輕地問老長官：「司令打算怎樣？」

「改天我們再談吧，現在我心裡難過得很。」老長官十分痛苦地說。這一下他像老了二十年，他的白頭髮確實是越來越多了，臉也更加瘦削，顴骨突了出來，他大病之後還沒有復原哩！看了他這副樣子我不禁暗自傷心起來。

「江副隊長，你呢？」石副司令又調轉頭來問我。

「司令怎樣決定我就怎樣決定。」我說。實際上，在老長官面前，我也不敢擅作主張，我怕他傷心，我是他找來的，他說回台灣就回台灣，留在這兒就留在這兒，他到那兒我一定到那兒，如今他這麼大的一把年紀了，孤單單地一個人，精神上又遭受這麼一個大打擊，我不追隨他安慰他那他就更傷心了。

「副司令打算怎樣呢？」我輕輕地問這位可敬的土司。

「我從那裡來自然還是回到那裡去。」他沉靜地說，臉上有一絲慘淡的笑。

「副司令回去恐怕不大方便？」我委婉地說。我知道他的身份不同，他是土司又在共匪那邊受過訓，但最後反而帶了一批人到山這邊來打游擊，假使他回去這對他是很危險的。

「沒有什麼關係，大不了一死。」他堅定而安詳地說。這位矮小的倮倮竟有這種威武不能屈的鋼鐵意志，不禁使我肅然起敬。

「我們在一起，我們不會分離的。」鐵頭商大祥都這麼說。這使我心裡覺得有點難受，我和他們兩人原來是拜過把的，現在他們兩人堅決地表示了自己的態度，我則毫無表示，我是從來沒有作過這種事的。

石副司令看見我有點尷尬，他馬上起身告辭，同時示意鐵頭他們。他臨走時還拍拍我的肩頭對我說：「好吧，我們走了，你和司令商量一下吧？」

張佩芷看見他們出去她關心地望了我一眼之後也低頭跟着他們出去了。

他們一走老長官就伏在桌上痛哭起來，這使我有點張惶失措，同時也感到深沉的悲哀。他三十年來的戰鬥生活落得兩鬢如霜，白髮如銀，家毀了，自己的骨肉完了，一生的功勞也付於流水了！他抱着「孤臣孽子」的心情在山區啃糯米糰子、吃芭蕉心，過着非人的生活，一心希望報仇雪恨，從共產黨手裡奪回失去的河山。經過三四年來的奮鬥，從三百多人發展到三四千人，像滾雪球一樣愈滾愈大，他的希望一天天增加，他的雄心一天天高漲，正在想準備[redacted]作一次大突擊時，忽然有一隻手從背後攫住他，不但不准他打，反而要他撤退到幾千里外的台灣去，放棄他自己用血汗經營的基地到那老遠的陌生的地方去。雖然那兒有二十世紀的文明，但他對於這些早已心灰意冷，他看見隊員們打勝仗才有快樂，看見反共武力一天天壯大才有快樂。他曾經對我說過，假使他不打回大陸報仇雪恥他死也不瞑目。現在他的希望正在萌芽卻把它連根拔去，他怎麼不傷心痛哭？眼看着三四年來同生死共患難的戰鬥伙伴馬上就要分散了，他怎麼不傷心痛哭？尤其是那些善良的農民，他們被[redacted]逼得無立錐之地，逼得吐不出氣，把山區邊當作唯一的生路，唯一的自由呼吸的土地，他們冒死跑到這兒來，寧可不顧一切地拚回去，他們和共產黨勢不兩立，他們不殺死共產黨共產黨就要殺死他們，正在他們[redacted]的時候倏忽然澆他們一頭冷水，他們不會氣瘋嗎？他們原來把一顆心寄託在台灣和自由世界[redacted]，但如今卻得到這種處置，他們真要傷心透了！他又怎樣向他們解釋呢？這班人都是最自覺的，愛恨最分明的，如果他叫他們放下武器撤到台灣去那他們馬上會鼓噪起來把他打死的。我知道他並不怕死，但這樣自相殘殺那不笑死共產黨嗎？四國會議的這種決定共產黨一定會笑得閤不攏嘴的。他不遵守這種決定嗎？他可不像鐵頭他們那麼洒脫，他是國家培養出來的軍官，他從來沒有背叛過國家，在任何不正當的命令下達之前他會和長官紅着脖子力爭，但命令下達之後他就會無條件地服從，那怕是要他跳火坑他也毫不考慮地跳下去，這是他的軍人本色。但這次他究竟怎樣決定呢？我還不知道？現在他哭得這麼傷心，像一個捱了一頓冤枉打的孩子似的，望着他那一頭白髮我不知道我的眼淚在什麼時候流出來了。

「大隊長，我們到底怎樣決定？」我慢慢地走到他的身邊輕輕地問。

他慢慢地抬起頭來老淚縱橫地望着我說：「健生，就是一杯毒藥我也得喝下去！」

他說過之後又連忙伏在桌上痛哭起來。

「大隊長的意思是回台灣嗎？」

他抬起頭來向我點了兩下，然後含着淚對我說：「健生，我對不起你，我要你白跑了一趟！」

「不，大隊長要我到那兒我一定到那兒，雖然這次我白跑了一趟，希望以後仍然有機會再打回大陸去。」我當初在台灣決定到這兒來就是準備從這兒再打回大陸去的，誰想到吃了兩年苦，有十幾次險些丟掉性命，到結果還是回台灣，這真是從何說起呢？

至於大隊長呢，他已經五十多歲，可是他的身體卻很衰弱，上次在病中還趕上陣拉前線指揮，一直到現在還沒有康復。這幾年的折磨就是一塊鐵也會磨爛，他是一天天衰弱也一天天老了！老得簡直出乎我意料之外的快，像他這樣的身體能不能再拖回大陸實在是個疑問，無怪乎他會十分傷心了。

「健生，我是沒有希望了，我只希望你繼續努力。」他抑制住眼淚鼓勵我說。

「大隊長不說我也明白。」我說。

我辭別老長官出來，在大門口又碰着張佩芷，原來她一直沒有離去，她在這兒等我。她一看見我就跑上來捉住我的手臂問：「你怎樣決定？」

我遲疑一會，我不知道怎樣回答她好，是說實話呢還是騙她？但最後我還是鼓起勇氣照實告訴她。

「我決定和老長官一道回台灣去。」我期期艾艾地說。我偷偷地看了一下她的臉色，然後輕輕地問她：「妳呢？」

「你到那兒我到那兒。」她兩眼灼灼地盯着我說，她臉上看不出一點猶疑的神色。

我深深地望了她一眼，我感動得流下淚來。

在我動身的前一天夜晚，我實踐了上次的諾言，我把我要回台灣去的消息告訴了朗英。

她聽過之後呆了半天，兩隻伶俐的眼睛直瞪瞪地望着我說不出話來，我看見她這副神態心裡也很難過。

「張隊長也去嗎？」她忽然睜大眼睛問我。

我向她點點頭，我不能瞞她。

「現在我完全明白了你以前對我講的那個故事。」她的眼睛像要看穿我，她的眼淚撲簌簌地掉下來。

「朗英，別去想它，那個故事是假的。」我安慰她。

「不！它是眞的，我要一直想到死！」她忽然倒在我的懷裡嗚嗚地哭了起來。我正準備勸她時她却像受驚的小鹿似的蒙着臉一溜烟地跑開了。

我望着她漸漸地消失在夜色中的背影我的兩眼也模糊起來。

四十八

我和老長官張佩花三十多個人動身的時候，石中玉，駱鐵頭，商大祥，以及不願和我們同去台灣的雲南老百姓，基地附近的白夷人，都趕到操坪上來送行。每一個人都紅着眼睛，朗英的眼皮都哭腫了，但她還在人叢中偷偷地窺着我，我連正眼看她一下的勇氣都沒有了。

石中玉和老長官握着手談了半天，也哭了半天，他們相處快四年，一旦分別不知道那年那月才能見面？心裡自然是非常難過的。尤其是老長官，他在山區幹了四年，一草一木都有他的心血在裡面，如今兩手空空地回台灣，連手槍都不能帶一枝，等於完全解除武裝了，所以他談着談着又失聲痛哭起來。

操坪上每一個人都淚流滿面，很多人都痛哭失聲，張佩芷竟抱着朗英[illegible]哭了起來。

鐵頭到底是個硬漢，他只用力地握着我的手，不流一滴淚，他向我沉痛地說：

「現在我們哥兒們就要分開了！但是我瞭解你，希望你好好地幹，在這裡不能打共匪，在別的地方總可以打。你應該痛痛快快地打他媽的一陣子，好出掉這口鳥氣！」

「你放心，我決不會使你失望，我也希望你好好地幹，但是要小心一點。」我握緊他的手說。

「放心！」他大聲地說。「我駱鐵頭[illegible]，決不會[illegible]投降！」

隨後他又抽出手來在我的肩膀上用力一拍，一推，[illegible]爽朗地說：「去吧！我們哥兒們分頭幹！」

我又和商大祥握握手，我在他耳邊輕輕地囑咐他隨時關照鐵頭，他叫我放心，他說不會有差錯的。

於是，我們這最後一批三十多個人低着頭流着淚[illegible]地離開了操坪，離開了基地。

走到拐彎的地方時我又忍不住回過頭來一望，我發現朗英還在操坪上向我們揮手，她一望見我就蒙着臉哭起來。

鐵頭則和商大祥石中玉領着三百多個雲南老百姓像一條龍一樣地向山那邊翻過去，他兩手叉腰地騎在那頭又高又大而且黑得放亮的馬背上得得地跑着。他們和他們一面爬山一面唱着：

打回去呀打回去
報家仇呀回家鄉
一把槍來一條命
爬過山來爬過崗
……………………

墨人博士著作書目（校正版）

書目	類別	出版者	出版時間
一、自由的火焰 } 與《山之禮讚》合併易名《墨人新詩集》	詩集	自印（左營）	民國三十九年（一九五〇）
二、哀祖國	詩集	大江出版社（臺北）	民國四十一年（一九五二）
三、最後的選擇	短篇小說	百成書店（高雄）	民國四十二年（一九五三）
四、閃爍的星辰	長篇小說	大業書店（高雄）	民國四十二年（一九五三）
五、黑森林	長篇小說	香港亞洲社	民國四十四年（一九五五）
六、魔障	長篇小說	暢流半月刊（臺北）	民國四十七年（一九五八）
七、孤島長虹（全集中易名爲富國島）	長篇小說	文壇社（臺北）	民國四十八年（一九五九）
八、古樹春藤	中篇小說	九龍東方社	民國五十一年（一九六二）
九、花嫁	短篇小說	九龍東方社	民國五十三年（一九六四）
一〇、水仙花	短篇小說	長城出版社（高雄）	民國五十三年（一九六四）
一一、白夢蘭	短篇小說	長城出版社（高雄）	民國五十三年（一九六四）
一二、颱風之夜	短篇小說	長城出版社（高雄）	民國五十三年（一九六四）

一三、白雪青山　長篇小說　長城出版社（高雄）　民國五十四年（一九六五）
一四、春梅小史　長篇小說　長城出版社（高雄）　民國五十四年（一九六五）
一五、洛陽花似錦　長篇小說　長城出版社（高雄）　民國五十四年（一九六五）
一六、東風無力百花殘　長篇小說　長城出版社（高雄）　民國五十四年（一九六五）
一七、合家歡　長篇小說　臺灣省新聞處（臺中）　民國五十四年（一九六五）
一八、紅樓夢的寫作技巧　文學理論　臺灣商務印書館（臺北）　民國五十五年（一九六六）
一九、塞外　短篇小說　臺灣商務印書館（臺北）　民國五十五年（一九六六）
二〇、碎心記　長篇小說　小說創作社（臺北）　民國五十六年（一九六七）
二一、靈姑　長篇小說　小說創作社（臺北）　民國五十七年（一九六八）
二二、鱗爪集　散　文　水牛出版社（臺北）　民國五十七年（一九六八）
二三、青雲路　短篇小說　臺灣商務印書館（臺北）　民國五十八年（一九六九）
二四、變性記　短篇小說　臺灣商務印書館（臺北）　民國五十八年（一九六九）
二五、龍鳳傳　長篇小說　幼獅書店（臺北）　民國五十九年（一九七〇）
二六、火樹銀花　長篇小說　立志出版社（臺北）　民國五十九年（一九七〇）
二七、浮生集　散　文　聞道出版社（臺南）　民國六十一年（一九七二）
二八、墨人詩選　詩　集　臺灣中華書局（臺北）　民國六十一年（一九七二）
二九、鳳凰谷　長篇小說　臺灣中華書局（臺北）　民國六十一年（一九七二）

三〇、墨人短篇小說選　短篇小說　臺灣中華書局（臺北）　民國六十一年（一九七二）
三一、斷腸人　短篇小說　臺灣學生書局（臺北）　民國六十一年（一九七二）
三二、詩人革命家胡漢民傳　傳記小說　近代中國社（臺北）　民國六十七年（一九七八）
三三、心猿　長篇小說　學人文化公司（臺北）　民國六十八年（一九七九）
三四、山之禮讚　詩　集　秋水詩刊（臺北）　民國六十九年（一九八〇）
三五、心在山林　散　文　中華日報社（臺北）　民國六十九年（一九八〇）
三六、墨人散文集　散　文　學人文化公司（臺中）　民國六十九年（一九八〇）
三七、山中人語　散　文　臺灣商務印書館（臺北）　民國七十二年（一九八三）
三八、花市　散　文　江山出版社（臺北）　民國七十四年（一九八五）
三九、三更燈火五更雞　散　文　江山出版社（臺北）　民國七十四年（一九八五）
四〇、墨人絕律詩集　詩　集　臺灣商務印書館（臺北）　民國七十六年（一九八七）
四一、全唐詩尋幽探微　文學理論　臺灣商務印書館（臺北）　民國七十六年（一九八七）
四二、第二春　短篇小說　釆風出版社（臺北）　民國七十七年（一九八八）
四三、全唐宋詞尋幽探微　文學理論　臺灣商務印書館（臺北）　民國七十八年（一九八九）
四四、小園昨夜又東風　散　文　黎明文化公司（臺北）　民國八　十年（一九九一）
四五、紅塵（上、中、下三卷）　長篇小說　臺灣新生報社（臺北）　民國八　十年（一九九一）
四六、大陸文學之旅　散　文　文史哲出版社（臺北）　民國八十一年（一九九二）

四七、紅塵續集	長篇小說	臺灣新生報社（臺北）	民國八十二年（一九九三）
四八、墨人半世紀詩選	詩　選	文史哲出版社（臺北）	民國八十四年（一九九五）
四九、張本紅樓夢（上下兩巨冊）	修訂批註	湖南出版社（長沙）	民國八十五年（一九九六）
五〇、紅塵心語	散　文	圓明出版社（臺北）	民國八十五年（一九九六）
五一、年年作客伴寒窗	散　文	中天出版社（臺北）	民國八十六年（一九九七）
五二、全宋詩尋幽探微	文學理論	文史哲出版社（臺北）	民國八十九年（二〇〇〇）
五三、墨人詩詞詩話	詩詞・理論	詩藝文出版社（臺北）	民國八十九年（二〇〇〇）
五四、娑婆世界（定本）	長篇小說	昭明出版社（臺北）	民國八十八年（一九九九）
五五、白雪青山（定本）	長篇小說	昭明出版社（臺北）	民國八十九年（二〇〇〇）
五六、滾滾長江（定本）	長篇小說	昭明出版社（臺北）	民國八十九年（二〇〇〇）
五七、春梅小史（定本）	長篇小說	昭明出版社（臺北）	民國八十九年（二〇〇〇）
五八、紫燕（定本）	長篇小說	昭明出版社（臺北）	民國九　十年（二〇〇一）
五九、紅樓夢的寫作技巧（定本）	文學理論	昭明出版社（臺北）	民國九　十年（二〇〇一）
六〇、紅塵六卷（定本）	長篇小說	昭明出版社（臺北）	民國九　十年（二〇〇一）
六一、紅塵法文本	巴黎友豐（you fonq）書局出版		二〇〇四年初版

附　註：

▲北京中國文聯出版社　二〇〇三年出版　大陸教授羅龍炎・王雅清合著《紅塵》論專書

▲臺北市昭明出版社出版墨人一系列代表作，長篇小說《娑婆世界》、一百九十多萬字的空前大長篇《紅塵》（中法文本共出五版）暨《白雪青山》（兩岸共出六版）、《滾滾長紅》、《春梅小史》、《紫燕》，短篇小說集、文學理論《紅樓夢的寫作技巧》（兩岸共出十四版）等書。臺灣中華書局出版的《墨人自選集》共五大冊，收入長篇小說《白雪青山》、《靈姑》、《鳳凰谷》、《江水悠悠》（爲《東風無力百花殘》易名）、《短篇小說・詩選》合集。《哀祖國》及《合家歡》皆由高雄大業書店再版。臺北詩藝文出版社出版的《墨人詩詞詩話》創作理論兼備，爲「五四」以來詩人、作家所未有者。

▲臺灣商務印書館於民國七十三年七月出版先留英後留美哲學博士程石泉、宋瑞等數十人的評論專集《論墨人及其作品》上、下兩冊。

▲《白雪青山》於民國七十八年（一九八九）由臺北大地出版社第三版。

▲臺北中國詩歌藝術學會於一九九五年五月出版《十三家論文》論《墨人半世紀詩選》。

▲《紅塵》於民國七十九年（一九九〇）五月由大陸黃河文化出版社出版前五十四章（香港登記，深圳市印行）。大陸因未有書號未公開發行僅供墨人「大陸文學之旅」時與會作家座談時參考。

▲北京中國文聯出版公司於一九九二年十二月出版長篇小說《春梅小史》（易名《也無風雨也無晴》）；一九九三年四月出版《紅樓夢的寫作技巧》。

▲北京中國社會科學出版社於一九九四年出版散文集《浮生小趣》。

▲北京群眾出版社於一九九五年一月出版散文集《小園昨夜又東風》；一九九五年十月京華出版社出

版長篇小說《白雪青山》大陸版，第一版三千冊，一九九七年八月再版一萬冊。

▲長沙湖南出版社於一九九六年一月初出版墨人費時十多年精心修訂批註的《張本紅樓夢》，分上下兩大冊精裝一萬一千套。立即銷完、因未經墨人親校，難免疏失，墨人未同意再版。

Mo Jen's Works

1950 *The Flames of Freedom*（poems）《自由的火焰》

1952 *Lament for My Mother Country*（poems）《哀祖國》

1953 *Glittering Stars*（novel）《閃爍的星辰》

The Last Choice（short stories）《最後的選擇》

1955 *Black Forest*（novel）《黑森林》

The Hindrance（novel）《魔障》

The Rainbow and An Isolated Island（novel）《孤島長虹》（全集中易名爲富國島）

1963 *The spring Ivy and Old Tree*（novelette）《古樹春藤》

1964 *Narcissus*（novelette）《水仙花》

A Typhonic Night（novelette）《颱風之夜》

Ms.Pei Mong-lan（novelette）《白夢蘭》
The Joy of the Whole Family（novel）《合家歡》
Flower Marriage（novelette）《花嫁》
1965 *White Snow and Green Mountain*（novel）《白雪青山》
The Short Story of Miss Chung Mei（novel）《春梅小史》
The Powerless Spring Breeze and Faded Flowers（novel）《東風無力百花殘》(《江水悠悠》)
Flower Blossom in Loyang（novel）《洛陽花似錦》
1966 *The Writing Technique of the Dream of Red Chamber*（literature theory）《紅樓夢的寫作技巧》
Out of The Wild Frontier（novelette）《塞外》
1967 *A Heart-broken Story*（novel）《碎心記》
1968 *Miss Clever*（novel）《靈姑》
Trifle（prose）《鱗爪集》
1969 *The Road to Promotion*（novelette）《青雲路》
1970 *A Sex-change Story*（novelette）《變性記》
The Biography of the Dragon and the Phoenix（novel）《龍鳳傳》
1971 *A Brilliantly lighted Garden*（novel）《火樹銀花》
1972 *My Floating Life*（prose）《浮生記》

Selection of Mo Jen's Poems《墨人詩選》
A Heart-broken Woman（novelette）《斷腸人》
Phoenix Valley（novel）《鳳凰谷》
Mo Jen's Works（five volumes）《墨人自選集》
Selection of Mo Jen's short stores《墨人短篇小說選》
1978 *Hu Han-ming, the Poet and Revolutionist*（novel）《詩人革命家胡漢民》
1979 *The Mokey in the Heart*（i.e. The Purple Swallow renamed）《心猿》
1980 *The Hermit*（prose）《心在山林》
A Collection of Mo Jen's Prose（prose）《墨人散文集》
A Praise to Mountains（poems）《山之禮讚》
1983 *Mountaineer's Remarks*（prose）《山中人語》
1985 *My Candle Burns at Both Ends*（prose）《三更燈火五更雞》
Flower Market（prose）《花市》
1986 *A Mundane World*（novel, four volumes, over 1.9 million words）《紅塵》
1987 *Remarks on All Poems of the Tang Dynasty*（theory）《全唐詩尋幽探微》
1988 *Remarks On All Tsyr*（prose poem）*of the Tang and Sung Dynasties*（theory）《全唐宋詞尋幽探微》
1991 *The Breeze That Came From The East Last Night in My Little garden Again*（prose）《小園昨夜又東風》

1992 *Travel for Literature in Mainland China*（prose）《大陸文學之旅》

1995 *Selection of Mo Jen's Poems, 1992-1994*《墨人半世紀詩選》

1996 *I'll look upon the World*《紅塵心語》

Chang Edition of the Dream of Red Chamber《張本紅樓夢》（修訂批註）

1997 *Cherish thy guests and the Muses*《年年作伴寒窗》

1999 *Saha Shih Gai*《娑婆世界》

1999 *Remarks on All Poems of the sung Dynasties*《全宋詩尋幽探尋》

1999 *Mo Jen's Classical Poems and Prose Poems*《墨人詩詞詩話》

2004 *Poussiere Rouge*《紅塵》法文譯本

墨人博士創作年表（二〇〇五年增訂）

年度	年齡	發表出版作品及重要文學紀錄摘要
民國二十八年己卯（一九三九）	十九歲	在東南戰區《前線日報》發表〈臨川新貌〉。淪陷區著名的上海《大美晚報》隨即轉載。
民國二十九年庚辰（一九四〇）	二十歲	在《前線日報》發表〈希望〉、〈路〉等新詩作品。
民國三十年辛巳（一九四一）	二十一歲	在《前線日報》發表〈評夏伯陽〉書評等文。
民國三十一年壬午（一九四二）	二十二歲	在各大報發表〈苦難的行列〉、〈贛州禮讚〉（長詩）、〈老船夫〉、〈盲歌者〉、〈自己的輓歌〉、〈抹去那怯弱的眼淚吧〉、〈生命之歌〉、〈快割鳥〉、〈鷂鷹與雲雀〉等詩及散文多篇。
民國三十二年癸未（一九四三）	二十三歲	在各大報發表長詩〈鋤奸隊長〉、〈搜索連長〉、〈遙寄〉、〈寫在第七個七七〉、〈父親〉、〈受難的女神〉、〈城市的夜〉及〈火把〉、〈擊柝者〉、〈橋〉、〈古鐘〉、〈汽笛〉、〈山居〉、〈沙灘〉、〈夜行者〉、〈孤芳〉、〈蚊蟲〉、〈蒼蠅〉、〈園圃〉、〈陽光〉、〈深秋〉、〈贈某詩人兼寫自己〉、〈哀亡命詩人〉、〈自供〉、〈白屋詩抄〉、〈哀歌〉、〈生活〉、〈給偶像崇拜者〉、〈戰書〉、〈燈下獨白〉、〈夜歸〉、〈失眠之夜〉、〈悼〉、〈殘英〉、〈黃昏曲〉、〈補綴〉、〈復活的季節〉〈擬戀歌〉、〈晨雀〉、〈春耕〉、〈天空的搏鬥〉等長短抒情詩。另發表散文及短篇小說多篇。

民國三十三年甲申（一九三九）	二十四歲	發表〈山城草〉五首及〈沒有褲子穿的女人〉、〈襤褸的孩子〉、〈駝鈴〉、〈無聲的哭泣〉、〈長夜草〉、〈春夜〉、〈擬某女演員〉、〈蛙聲〉、〈麥笛〉等詩及散文多篇。
民國三十四年乙酉（一九四五）	二十五歲	發表〈最後的勝利〉及〈煉獄裏的聲音〉、〈神女〉、〈問〉等長詩與散文多篇。
民國三十五年丙戌（一九四六）	二十六歲	發表〈夢〉、〈春天不在這裡〉等詩及散文多篇。
民國三十六年丁亥（一九四七）	二十七歲	發表〈冬天的歌〉、〈流浪者之歌〉、〈手杖、煙斗〉及長詩〈上海抒情〉等與散文多篇。
民國三十七年戊子（一九四八）	二十八歲	主編軍中雜誌、撰寫時論，均不署名。
民國三十八年己丑（一九四九）	二十九歲	七月渡海抵臺，發表〈呈獻〉、〈滿妹〉，及長詩〈自由的火燄〉、〈人類的宣言〉等及散文多篇。
民國三十九年庚寅（一九五〇）	三十歲	發表〈站起來，捏死他！〉、〈滾出去，馬立克！〉、〈英國人〉、〈海洋頌〉等詩。出版《自由的火燄》詩集。
民國四十年辛卯（一九五一）	三十一歲	發表〈春晨獨步〉、〈炫與殉〉、〈悼三閭大夫屈原〉、〈詩聯隊〉、〈心靈之歌〉、〈子夜獨唱〉、〈真理、愛情〉、〈友情的花朵〉、〈啊，西風啊！〉、〈歲暮吟〉、〈師生〉、〈往事〉、〈天書〉、〈歷程〉、〈雨天〉、〈火車飛馳在海岸淥上〉、〈帶路者〉、〈送第一艦隊出征〉等詩，及〈哀祖國〉長詩。
民國四十一年壬辰（一九五二）	三十二歲	發表〈未完成的想像〉、〈廊上吟〉、〈窗下吟〉、〈白髮吟〉、〈秋夜輕吟〉、〈秋訊〉、〈渴念，追求〉、〈寂寞、孤獨〉、〈冬眠〉、〈我想把你忘記〉、〈想念〉、〈成人的悲歌〉、〈訴〉、〈詩人〉、〈詩〉、〈貝絲〉、「春天的懷念」五首，〈和風〉、〈夜雨〉、〈臺灣海峽的霧〉等及散文、短篇小說多篇。出版《哀祖國》詩集。

民國四十二年癸巳（一九五三）	三十三歲	發表〈寄台北詩人〉等詩及散文短篇小說多篇。高雄百成書店出版短篇小說集《最後的選擇，收入〈華玲〉、〈生死戀〉、〈梅蘭馨〉、〈敵人的故事〉、〈最後的選擇〉、〈蔣復成〉、〈姚醫生〉等七篇。大業書店出版長篇小說《閃爍的星晨》一、二兩冊。
民國四十三年甲午（一九五四）	三十四歲	發表〈雪萊〉、〈海鷗〉、〈鳳凰木〉、〈流螢〉、〈鵝鑾鼻〉、〈海邊的城〉、〈長夏小唱〉及散文、短篇小說多篇。
民國四十四年乙未（一九五五）	三十五歲	發表〈雲〉、〈F-86〉、〈題GK〉等詩及散文、短篇小說多篇。香港亞洲出版社出版長篇小說《黑森林》，並獲中華文獎會國父誕辰長篇小說第二獎（第一獎從缺）。
民國四十五年丙申（一九五六）	三十六歲	發表〈四月〉等詩及散文、短篇小說多篇。
民國四十六年丁酉（一九五七）	三十七歲	發表〈月亮〉、〈九月之旅〉、〈雨和花〉等詩及長篇小說《魔障》。
民國四十七年戊戌（一九五八）	三十八歲	暢流半月刊雜誌社出版長篇連載小說《魔障》。
民國四十八年己亥（一九五九）	三十九歲	發表短篇小說、散文多篇。文壇雜誌社出版長篇小說《孤島長虹》（全集中易名爲《富國島》）。
民國四十九年庚子（一九六〇）	四十歲	發表〈橫貫小唱〉等詩及散文、短篇小說多篇。
民國五十年辛丑（一九六一）	四十一歲	發表〈熱帶魚〉、〈豎琴〉、〈水仙〉等詩及短篇小說甚多。奧國維也納富出版公司編選的《世界最佳小說選》選入短篇說〈馬腳〉，同時入選者有諾貝爾文學獎得主威廉福克納、拉革克菲斯特等世界各國名作家作品。

民國五十一年壬寅（一九六二）	四十二歲	發表〈青鳥〉、〈兩腳獸〉、〈晚會〉、〈祈禱〉等詩及短篇小說甚多。奧國維也納納富出版公司又將短篇小說《小黃》（以江州司馬筆名撰寫者）選入《世界最佳小說選》，同時入選者有諾貝爾獎得主蕭洛霍夫，郭沫若及世界各國名作家作品。
民國五十二年癸卯（一九六三）	四十三歲	香港九龍東方文學出版社出版中篇小說《古樹春藤》。發表短篇小說、散文甚多。
民國五十三年甲辰（一九六四）	四十四歲	香港九龍東方文學社出版短篇小說集《花嫁》，收入〈教師爺〉、〈劉二爹〉、〈二媽〉、〈異鄉人〉、〈花嫁〉、〈扶桑花〉、〈南海屠鮫〉、〈高山曲〉、〈古寺心聲〉、〈誘惑〉、〈隱情〉、〈美珠〉、〈新苗〉、〈心聲淚影〉等十四篇。高雄長城出版社出版中短篇小說集《水仙花》，收入〈水仙花〉、〈銀杏表嫂〉、〈圓房記〉、〈江湖兒女〉、〈天鵝〉、〈賭徒〉、〈搶親〉、〈黃龍〉、〈風雪歸人〉、〈花子老趙〉、〈景雲寺的居士〉、〈人與樹〉、〈過客〉、〈阿婆〉、〈馬腳〉、〈小黃〉等十六篇。高雄長城出版社出版中短篇小說集《白夢蘭》。收入〈情敵〉、〈空手〉、〈師生〉、〈斷夢〉、〈黃昏曲〉、〈白夢蘭〉、〈平安夜〉、〈凱塞琳、萊蒙托夫與我〉、〈陽春白雪〉、〈亂世佳人〉、〈傷心之旅〉、〈白衣清淚〉、〈護士與病人〉、〈如夢記〉、〈除夕〉等十五篇。　高雄長城出版社出版《中華日報》連載的二十五萬字長篇小說《白雪青山》。　發表短篇小說、散文甚多。
民國五十四年乙巳（一九六五）	四十五歲	高雄長城出版社出版連載長篇小說《洛陽花似錦》、《春梅小史》、《東風無力百花殘》三部。　發表短篇小說、散文甚多。省政府新聞處出版長篇小說《合家歡》。
民國五十五年丙午（一九六六）	四十六歲	是年五月赴馬尼拉華僑文教講習會講授「紅樓夢的寫作技巧」及新詩課程一個月。商務印書館出版文學理論專著《紅樓夢的寫作技巧》，全書共十五萬字。商務印書館出版中短篇小說集《塞外》。收入〈塞外〉、〈鬍子〉、〈百合花〉、〈天山風雲〉、〈白金龍〉、〈白狼〉、〈秋圃紫鵑〉、〈曹萬秋的衣缽〉、〈半路夫妻〉、〈百鳥聲喧〉、〈風竹與野馬〉、〈美人計〉、〈夜襲〉、〈花燭劫〉等十四篇。

民國五十六年丁未（一九六七）	四十七歲	發表短篇小說、散文甚多。小說創作社出版連載長篇小說《碎心記》。
民國五十七年戊申（一九六八）	四十八歲	小說創作社出版《中華日報》連載長篇小說《靈姑》。水牛出版社出版散文集《鱗爪集》，收入〈家鄉的魚〉、〈家鄉的鳥〉、〈雪天的懷念〉、〈秋山紅葉〉、〈學問與創作之間〉等散文七十六篇、舊詩三首。
民國五十八年己酉（一九六九）	四十九歲	商務印書館出版中短篇小說集《青雲路》。收入〈世家子弟〉、〈青雲路〉、〈空棺記〉、〈久香〉等四篇。
民國五十九年庚戌（一九七〇）	五十歲	商務印書館出版中短篇小說集《變性記》。收入〈變性記〉、〈嬌客〉、〈歲寒圖〉、〈泥龍〉、〈祖孫父子〉、〈秋風落葉〉、〈老夫老妻〉、〈恩愛夫妻〉〈布販與偷雞賊〉、〈芳鄰〉、〈沙漠王子〉、〈沙漠之狼〉、〈世界通先生〉、〈寶珠的祕密〉、〈奇緣〉等十五篇。幼獅文化事業公司出版長篇小說《龍鳳傳》。臺北立志出版社出版長篇《火樹銀花》出版全集時易名《同是天涯淪落人》。
民國六十年辛亥（一九七一）	五十一歲	立志出版社出版長篇小說《火樹銀花》。發表散文多篇及在高雄《新聞報》連載長篇小說《紫燕》。
民國六十一年壬子（一九七二）	五十二歲	聞道出版社出版散文集《浮生集》。收入〈文藝的危機〉、〈貝克特高風〉、〈五十年華〉等散文十三篇，舊詩六首。學生書局出版短篇小說散文合集《斷腸人》。收入短篇小說〈斷腸人〉、〈薇薇〉、〈相見歡〉、〈滄桑記〉、〈恩怨〉、〈夜宴〉等七篇及散文〈文學系與文學創作〉、〈大學國文教學我見〉、〈作家之死〉等十五篇。　中華書局出版《墨人自選集》五大冊。包括長篇小說《白雪青山》、《靈姑》、《鳳凰谷》、《江水悠悠》（《東風無力百花殘》易名）及《短篇小說、詩選》（精選短篇小說二十八篇，抒情詩一〇六首），共一百五十萬字。
民國六十二年癸丑（一九七三）	五十三歲	發表散文多篇。列入英國劍橋國際傳記中心（International Biographical Centre Cambridge England）出版的《國際詩人名錄》（*International Who's Who in Poetry. 1973*）。

民國六十三年甲寅（一九七四）	五十四歲	出席第二屆世界詩人大會。 發表散文多篇。
民國六十四年乙卯（一九七五）	五十五歲	列入正中書局出版的《中華民國文藝史》（1975）。發表〈臺北的黃昏〉新詩一首及散文多篇。
民國六十五年丙辰（一九七六）	五十六歲	列入英國劍橋國際傳記中心出版的 *Men of Achievement. 1976* 發表〈歷史的會晤〉新詩及散文，短篇小說多篇。
民國六十六年丁巳（一九七七）	五十七歲	應 I.B.C 邀請於三月間赴義大利翡冷翠出席國際文藝交流大會（The 3rd I.B.C. International Congress on Arts and Communications）。會後環遊世界。發表〈羅馬之雲〉、〈羅馬之松〉、〈翡冷翠的女郎〉、〈翡冷翠之柳〉、〈塞納河〉等詩及羅馬掠影」、〈單城記〉、〈威尼斯之旅〉、〈藝術之都翡冷翠〉、〈西雅奈與比薩斜塔〉、〈美國行〉、〈江戶、皇宮、御苑〉、〈環球心影〉等遊記。 在《中國時報》發表有關中國文化論文〈中國文化的三條根〉，在《新生報》發表〈文藝界的『洋』瘋癲〉等多篇。
民國六十七年戊午（一九七八）	五十八歲	近代中國社出版長篇傳記小說《詩人革命胡漢民傳》。 列入英國劍橋國際傳記中心出版的《國際名人辭典》（*Dictionary of International Biography.1978*）。《國際知識分子名錄》(*International Who's Who of Intellectual.1978*、《國際人名剪影》 *International Register of Profiles*）、《國際社會名人錄》（*International Who's Who in Community Service*），發表〈六月之荷〉詩一首。 在各報發表〈中國文化的宇宙觀〉、〈中國文化的真面目〉、〈文化、社會形態與當代文學創作（爲亞洲文學會議而作）〉、〈人與宇宙自然法則〉等。 出席亞洲文學會議。　列入中華書局出版的《中華民國當代名人錄》(*Who's Who of R.O.C. 1978*）　列入行政院新聞局編印的一九七八年英文《中華民國年鑑名人錄》（*China Yearbook Who's Who*）。

民國六十八年己未（一九七九）	五十九歲	學人文化事業有限公司出版長篇小說《心猿》（《紫燕》易名）。發表短篇小說〈春〉、〈杏林之春〉、長詩〈哀吉米・卡特〉及〈山之禮讚〉五首。短篇〈客從故鄉來〉、〈人瑞〉。理論〈中國古典小說戲劇〉、〈抗戰文學的整理與再創作〉（《中央日報》）等多篇。
民國六十九年庚申（一九八〇）	六十歲	秋水詩刊社出版詩集《山之禮讚》、收集六十四年以後新詩四十四首及七言絕律詩十首。　中華日報社出版散文集《心在山林》、收集〈花甲雲中過〉、〈老當益壯〉、及抒情寫景散文數十篇。 臺中學人文化事業出 版有限公司出版《墨人散文集》收集〈文化、社會形態與當代文學創作〉、〈人與宇宙自然法則〉、〈中國文化的三條根〉、〈宇宙爲心人爲本〉、〈文藝界的『洋』瘋癲〉等理論性散文數十篇。 在《中央日報・副刊》發表〈紅樓夢研究的正確方向〉，《中華日報・副刊》發表〈人生六十樹常青〉，《青年戰士報・新文藝副刊》發表〈山中人語〉專欄文章〈山水之間〉、〈生命長短價值觀〉、〈寶刀未老〉、〈七進七出鬼門關〉、〈報人甘苦〉、〈杏壇生涯〉等。 接受《大華晚報》採訪組副主任程榕寧兩次訪問，一爲談胡漢民生平，一爲談《易經》、《道德經》、命學，並發表〈醫學命學與人生〉專文。
民國七十年辛酉（一九八一）	六十一歲	繼續撰寫《山中人語》專欄。 應臺中市《自由日報》特約撰寫《浮生小記》專欄。 應行政院新聞局邀請參觀本省農漁畜牧事業單位，並在《中央日報》發表〈人在福中〉散文。 接受臺灣廣播公司《成功之路》節目訪問，於四月廿七日晚八時半播出。 在高雄《新聞報》發表〈撥亂反正說紅樓〉（六月十七、十八日）論文。
民國七十一年壬戌（一九八二）	六十二歲	九月赴漢城出席第二屆中韓作家會議，並在東京參加中日作家會議，曾暢遊南韓、北海道、大阪至東京名勝地區，歸後撰寫〈韓國掠影〉、〈秋遊北海道〉，發表於《中央日報》。 列入中華民國名人傳記中心出版的《中華民國現代名人錄》。

		列入英國劍橋國際傳記中心出版的《傑出男女傳記》（*Men and Women of Distinction*）並附照片。 列入美國 MarQuis 公司出版的《世界名人錄》（*Who's Who in the World*）第六版。 接受義大利藝術大學授予的文學功績證書。
民國七十二年癸亥（一九八三）	六十三歲	商務印書館出版散文集《山中人語》，收集散文七十篇。
民國七十三年甲子（一九八四）	六十四歲	商務印書館出版《論墨人及其作品》上、下兩冊，包括評論文章六十餘篇。 列入義大利 Accademia Itlia 出版英、法、德、義四種文字的《國際文學史》（*The History of International Literature*）及《百科全書：當代人物（*The Encyclopadeia: Contemporary Personalities*）。 端午節（六月四日）開筆撰寫已構思準備十餘年的一百餘萬字的大長篇小說《紅塵》，年底完成初稿四十餘萬字。 十月在韓國漢城舉行的第四屆中韓作家會議，事忙未能出席，但提出一萬餘字的論文〈古典與現代〉一篇。
民國七十四年乙丑（一九八五）	六十五歲	由江山出版社出版《三更燈火五更雞》、《花市》散文集等兩本，前者收入散文，理論二十四篇，後者收入散文遊記二十七篇。 八月一日退休，專心寫作《紅塵》，於十二月底完成九十二章，告一段落，共一百二十萬字，超出《紅樓夢》十餘萬字，內有絕律詩（聯）三十一首。
民國七十五年丙寅（一九八六）	六十六歲	年初開始研讀《全唐詩》，撰寫《全唐詩尋幽探微》，十一月完成，共十二萬餘字，一面在《新聞報・西子灣》發表，並連同歷年所作絕律詩三十七首，定名為《墨人絕律詩集》，一併交與臺灣商務印書館簽約出版。 列入美國 A.B.I.出版的 5000 Personalities of the World；英國 I.B.C.出版的 *The Intemational Authors and Writers Who's Who.*

民國七十六年丁卯 （一九八七）	六十七歲	訪問考察東南亞地區、國家馬來西亞、新加坡、泰國、菲律賓、香港十七天，並出席多次座談會。 商務印書館出版《全唐詩尋幽探微》（附《墨人絕律詩集》）。 《紅塵》長篇小說於三月五日開始在（臺灣新生報）連載。 七月四、五日出席在臺北市召開的抗戰文學研討會。 八月一日出席在高雄市召開的第七屆中韓作家會議。
民國七十七年戊辰 （一九八八）	六十八歲	元月二日完成《全唐宋詞尋幽探微》（附《墨人詩餘》）全書十六萬字。設於美國深受世界尊重的「國際大學基金會」（The Marguis Giuseppe Scicluna 1855-1907 Intemarional University Foundation）（Founded 1973）授予榮譽文學博士學位。
民國七十八年己巳 （一九八九）	六十九歲	臺灣商務印書館出版《全唐宋詞尋幽探微》。 臺北大地出版社三版長篇小說《白雪青山》。 世界大學（World University）授予榮譽文學博士學位。
民國七十九年庚午 （一九九〇）	七十歲	五月應大陸黃河文化實業公司邀請，作四十天文學之旅，與北京、上海、杭州、九江、武漢、西安、蘭州等地作家座談中華文化、文學創作，坦誠交換意見，獲得一致共識、真摯友情與尊敬，廣州電視臺並全程錄影，製作專輯播出，六月底返臺後即撰寫《大陸文學之旅》專著。 艾因斯坦國際學院基金會（Albert Einstein 1879-1955 Intemational Academy Foundation）授予榮譽人文學博士學位。 榮列英國劍橋國際傳記中心出版的 IBC Book of Dedications.占全書篇幅五頁，刊登照片五張，介紹五十年創作生涯，十分翔實，篇幅之大，爲全書冠，並禮聘爲 IBC 副總裁。
民國八十年辛未 （一九九一）	七十一歲	二月底新生報出版《紅塵》，二十五開本，上、中、下三鉅冊。黎明文化事業公司出版《小園昨夜又東風》散文集。 應香港廣大學院禮聘爲中國文學研究所客座指導教授。 《紅塵》榮獲新聞局著作金鼎獎及嘉新優良著作獎。

民國八十一年壬申（一九九二）	七十二歲	文史哲出版社出版《大陸文學之旅》。 應聘香港廣大學院中研所客座指導教授。 一月五日開筆寫《紅塵續集》，自九十三章起至一百二十章止，共四十萬字，六月十日完稿，《紅塵》全書共一百九十萬字。續集自十二月一日開始在《臺灣新生報・副刊》連載近年，雙破長篇鉅著及連載紀錄。中國廣播公司《中廣小說選播》節目，亦於十二月一日十四時三十分，在AM657千赫第一廣播網開始播出長篇鉅著《紅塵》上、中、下三冊，由戴愛華小姐導播，集該公司播音精英，通力合作，龍老夫人一角由播音元老白銀飾演，其餘人物均爲一時之選，效果奇佳，前所未有。　北京「中國文聯出版公司」出版《也無風雨也無晴》。 墨人故鄉九江《師專學報》，於本年起開闢《墨人研究》專欄，與《陶淵明研究》、《黃山谷研究》，並稱三大專欄，甚受教育、學術界重視。
民國八十二年癸酉（一九九三）	七十三歲	十月下旬，偕《秋水》詩刊同仁涂靜怡、雪柔、麥穗、汪洋萍、風信子、林蔚穎等爲慶祝《秋水》創刊二十周年，訪問哈爾濱、北京、西安三大都市，與當地詩人座談交流，水乳交融，兩岸詩人因而建立深厚友誼。十一月初，隻身訪問昆明、探親，昆明作協主席曉雪、八十多歲老作家李喬、小說家張昆華、《春城晚報》副總編輯熊廷武、副刊主編原因、理論家教授余斌、作家湯世傑、李錦華等集會歡迎，其中多爲白族、彝族等少數民族作家，乃以雲南少數民族文化資源努力創作相勉，深獲共鳴。資深作家彭荊風，晚間並來下榻處暢談。 繼續應聘香港廣大學院中研所客座指導教授三年。 十二月新生報社出版《紅塵續集》，全書共四大冊，其實前後一貫，爲一整體，該報爲方便，乃以《續集》名之。一生心願心血得以完成，在輕、薄、短、小及商品文學獨占市場情況下，亦一大異數。北京「中國文聯出版公司出版《紅樓夢的寫作技巧》。

民國八十三年甲戌（一九九四）	七十四歲	一月開始研讀自北京購回的《全宋詩》，擬續寫《全宋詩尋幽探微》。 四月十一日接受臺北復興廣播電臺《名人專訪》節目主持人裴雯小姐訪問：談一生寫作歷程及大長篇《紅塵》寫作經過。 臺北《世界論壇報》副社長兼副刊主編詩人評論家周伯乃先生，特自五月三十一日起一連三天出版特刊，慶祝七十晉五誕辰暨創作五十五周年，除刊出〈小傳〉、〈七五人生一首詩〉、〈中國新詩與傳統詩詞的整合〉、〈叩開生命之門〉三篇新作外，並刊出蒙古族女詩人作家薩仁圖婭的〈墨人：屈原風骨中華魂〉，及馬來西亞霹靂州立女子中學校長，詩詞家、散文作家彭士麟女士論《紅塵》與大陸作家作品比較的書信，墨人著作校長，詩詞家、散文作家彭士麟女士論《紅塵》與大陸作家作品比較的書信，墨人著作目錄、美國兩個榮譽文學博士、一個人文學博士照片三張，《紅塵》獲獎照片一張，及周伯乃〈無限的祝禱〉文等。 八月七日，中國時報系的《工商日報．讀書版．大書坊》刊出蓓齡的《紅塵》墨人專訪文章，並配合攝影記者何日昌拍攝的墨人及《紅塵》四冊照片。 大陸廣州暨南大學中文系教授兼臺港暨海外華文文學研究中心主任、評論家潘亞暾，費時月餘撰寫《紅塵續集》論文達一萬餘字的〈偉大史詩的歸結〉，於九月二十一至二十五日在臺北市《世界論壇報．副刊》全文刊出，見解不凡，對《續集》的成功更使他大吃一驚，因此，更肯定《紅塵》的史詩價值、地位。 八月二十八日第十五屆世界詩人大會在臺北召開，僅提出〈中國新詩與傳統詩詞的整合〉論文一篇，並未出席、論文則由《中國詩刊》主編曾美霞女士代讀。
民國八十四年乙亥（一九九五）	七十五歲	一月，臺北文史哲出版社出版《墨人半世紀詩選》（一九四二－一九九四）。 一月十日應臺北廣播電臺《藝文夜話》主持人宋英小姐訪問，許導播秀玲決定十日開播《紅塵》全書四冊，每日廣播兩次。 中國詩歌藝術學會主辦、中國文藝協會協辦，於五月二十二日在臺北市中國文藝協會舉行《墨人半世紀詩選》學術研討會，與會詩人、評論家六十餘人，討論情況熱烈，並印發海峽兩岸評論家王常新、古繼堂、古遠清、李春生、楊允達、周伯乃等十三家論文專集。各家均推崇、肯定新舊詩兩方面的成就與半個多世紀的貢獻。

		英國劍橋國際傳記中心頒贈二十世紀文學傑出成就獎。 榮列一九九五年英國劍橋國際傳記中心出版的 The Definitive Book of the Deputy Directors General of the IBC.佔全書篇幅五頁，刊登照片五張，爲全書之冠。
民國八十五年丙子（一九九六）	七十六歲	臺北圓明出版社出版涵蓋儒、釋、道三家思想的散文集《紅塵心語》。卷首有珍貴的文學照片十餘張。 臺北中國詩歌藝術學會出版《十三家論文》論《墨人半世紀詩選》。
民國八十六年丁丑（一九九七）	七十七歲	臺北中天出版社出版與《紅塵心語》爲姊妹集的散文集《年年作客伴寒窗》，各篇亦均以五、七言詩作題，內中作者詩詞亦多，並附錄珍貴文學資料訪問記、特寫、著作目錄等十餘篇。出任「乾坤」詩刊顧問，並主編該刊古典詩詞。完成《墨人詩詞詩話》、《全宋詩尋幽探微》兩書全文。
民國八十七年戊寅（一九九八）	七十八歲	構思六年的以佛學精義結合修行心得化爲文學創作的長篇小說《娑婆世界》，於三月二十八日開筆，十二月脫稿。共三十八章，五十多萬字。 英國劍橋國際傳記中心（IBC）出版《二十世紀傑出人物》以照片配合文字將墨人傳記刊卷首重要位置，並頒發獎狀。大陸中國國際經濟文化交流促進會、燕京國際文化藝術研究會等七大單位編纂出版的《世界華人文學藝術界名人錄》，中國國際交流出版社出版的《世界名人錄》，均爲十六開巨型中文本。
民國八十八年己卯（一九九九）	七十九歲	本年爲來臺五十周年，創作六十周年，中國習俗八十歲，昭明出版社出版長篇小說《娑婆世界》。 美國傳記學會（ABI）出版二十世紀《五百位有影響力的領袖》，以照片配合文字將墨人傳記刊於卷首重要位置並頒發獎狀。照片及詩詞五首編入中國《當代吟壇》巨著。　美國「世界智庫」與艾因斯坦國際學會基金會」聯合頒贈墨人傑出成就榮譽獎，以紀念千禧年，並榮列中國出版的《中華精英大全》。 美國傳記學會頒贈墨人「二十世紀成就獎」。

民國八十九年庚辰（二〇〇〇）	八十歲	臺北昭明出版社陸續出版定本長篇小說《白雪青山》、《滾滾長江》、《春梅小史》；文學理論《紅樓夢的寫作技巧》，連同民國八十八年出版的長篇小說《娑婆世界》，並列爲墨人一系列代表作品，以慶祝墨人八十整壽。 臺北詩藝文出版社出版《墨人詩詞詩話》。 臺北文史哲出版社出版《全宋詩尋幽探微》。
民國九十年辛巳（二〇〇一）	八十一歲	臺北昭明出版社出版長篇小說定本《紅塵》全書六冊及長篇小說《紫燕》定本。
民國九十一年壬午（二〇〇二）	八十二歲	五月三日偕長子選翰赴上海訪友小住。 英國劍橋國際傳記中心授予「終身成就獎」。
民國九十二年癸未（二〇〇三）	八十三歲	八月底偕夫人及在臺子女四人經上海轉往故鄉九江市掃墓探親並遊廬山。
民國九十三年甲申（二〇〇四）	八十四歲	準備出版全集（經臺北榮民總醫院檢查無任何疾病。）巴黎 you-Feng 書局出版豪華典雅法文本《紅塵》。
民國九十四年乙酉（二〇〇五）	八十五歲	此後五年不遠行，以防交通意外，準備資料。計劃百歲前開筆撰寫新長篇小說。北京「中央出版社」出版《強國丰碑》，以著名文學家張萬熙爲題刊出墨人傳略，爲臺灣及海外華人作家唯一入選者。並先後接到北京電話、書函邀請寄送資料編入《一代名家》、《中華文化藝術名家名作世界傳播錄》。
民國九十五年丙戌（二〇〇六）至民國一百年（二〇一一）——	八十六歲至九十二歲——	重讀重校全集，已與臺北市文史哲出版社簽訂出版《墨人博士作品全集》合約，民國一百年年內可以出版。此爲「五四」以來中國大陸與臺灣所未有者。